# 우리 시대의 교양한문

남기택 · 최도식 · 이완형 · 최승기 공저

북스힐

# 머리말

한국어에 있어서 한자는 어떤 의미일까?

우리나라 사람의 이름에는 대부분 한자가 쓰인다. 이 현상 하나만으로도 한자와 우리말 간의 선험적 연관을 반증하기에 충분하다. 이건 어쩔 수 없는 언어 사대나 종속의 증거인가? 그렇지 않다. 한자어의 실재는 우리말의 특성일 뿐이다.

한국인에게 한글이 존재하는 것은 가장 위대한 문화적 혜택에 해당된다. 이 훌륭한 자산을 전유하여 인간다운 삶과 선진 문화를 일구어 나가는 것은 한국인으로서 지녀야 할 삶의 보편적 양식일 것이다. 그런 한글에, 우리 신체의 점처럼, 한자어가 상당 부분 포함되어 있다. 여기서 그 역사적 배경과 문화 지리를 일일이 설명할 필요는 없다고 본다.

한자에 대한 기본적 이해가 필요한 데에는 '언어의 실정'이 근간에 깔려 있다. 언어의 실정이라 함은 '사유의 조건으로서 언어'라는 실체를 가리킨다. 인간은 언어를 통해 사유한다. 언어는 인간을 인간답게 하는 존재의 양식인 것이다. 그런 언어를 효과적으로 사용함으로써 가치 있는 삶을 추구하고 생의 의미를 구하는 것은 인간으로서의 본성에 가깝다. 그렇게 볼 때 한자에 관한 기초적 이해는 한글을 사용하는 한국인에게 있어서 언어의 당위이자 인간의 당위라 하겠다. 요컨대 우리 언어를 보다 효율적으로 사용하기 위해서는 한자에 대한 기초 이해가 필수적일 수밖에 없다.

우리 시대의 문화적 추이는 한자에 대한 기초 소양을 익힐 수 있는 환경으로부터 점차 멀어지고 있는 것이 사실인 듯하다. 의사소통의 일반적 체계에 디지털 코드가 보편화되면서 한자에 대한 학습 혹은 내면화의 기회가 줄어들고 있는 것이다. 디지털 환경은 과거 옥편의 시대에 비하자면 한자 이해의 수단을 대단히 편리하게 확장한 것이 사실이지만, 아쉽게도 우리의 행동을 그러한 단계적 인식의 과정으로 쉽게 이끌지는 않는다. 한글로부터 한자를 거쳐 인식에 이르는 과정이 키보드와 모니터의 사이의 순간적 연산을 통해 생략되고 있는 것이다. 이 역시 문명의 이기에 담긴 아이러니의 일면이 아닐 수 없다.

그렇다고 해서 『우리 시대의 교양한문』이 거창한 한자 학습을 추구하지는 않는다. 이 책은 말 그대로 상식의 차원에서, 대학생으로서 갖추어야 할 기초적인 한자 소양을 최소한의 노력을 통해 재고하자는 목적으로 기획되었다. 그저 이 교양 도서가 한자와 관련된 지식인으로서의 언어 전유를 돕는 한 도구이기를 기대해 본다.

이 책은 필자를 포함하여 최도식, 이완형, 최승기 선생들 공동 작업의 결과물이다. 바쁜 일상과 학문의 귀한 시간을 쪼개 집필에 임하여 준 선생님들 모두에게 감사드린다. 부족한 작업을 훌륭히 보완하여 완성한 북스힐 출판사에도 깊은 감사의 마음을 전한다.

2014. 8.

공저자의 뜻 모아

남기택

# 차 례

## 1부 한문, 삶, 문화 | 이론편

**01**장 선인과의 대화 _3

01. 수양과 교육 4
02. 인성 본연의 삶 7
03. 논어에 나타난 공자의 이모저모 10
04. 맹자의 名言 18

**02**장 한자와 문화 _23

01. 한자와 대중사회 23
02. 속담으로 한자 익히기 26

**03**장 한자와 생활 _29

01. 한자의 다양한 쓰임 29
02. 고사성어의 이해와 활용 44

## 2부 한문의 이해 | 연습편


**04**장 한자어 _85

**05**장 한자성어 _153

**06**장 약자의 이해와 활용 _193

**07**장 한자능력 검정시험에 대하여 _199

01. 한자능력 검정시험의 이해 ———— 199

02. 한자급수 8급에서 3급 익히기 ———— 201

# 1부

# 한문, 삶, 문화

이론편

# 01
# 선인(先人)과의 대화(對話)

최근 들어 한자에 대한 관심이 커지고 있다. 이는 국제화 추세에 발맞춰 동아시아의 경제적 비중이 날로 증가되면서 모든 분야에서 한자의 쓰임이 크게 대두되고 있기 때문일 것이다. 그러나 이러한 경향은 비단 국제화 추세에 따른 것만은 아니라고 본다. 우리나라의 언어 구조상 한자어가 약 70%를 차지하고 있다는 점 또한 무시할 수 없기 때문이다. 그것은 한자를 정확히 모를 경우 읽기는커녕, 단어의 개념조차 파악하기 어렵다는 것과 상통한다. 뿐만 아니라 한자는 뜻글자로 이루어져 있어 다른 문자와 달리 시대와 장소, 국가와 민족의 차이에도 불구하고 널리 쓰인다는 장점을 가지고 있다는 데서도 기인한다. 이러한 이유로 우리는 지금도 많은 한자어를 공공기관뿐 아니라 실생활에서도 여전히 사용하고 있다.

한자에 대한 기본 이해가 필요한 이유는 단지 언어 능력이라는 당위적 효용에 그치지 않는다. 한자에는 수천 년 이어진 조상들의 삶과 경험이 담겨 있다. 우리는 한자를 통해 인간이 지녀야 할 보편적 가치와 혜안을 깨달을 수 있다. 이 장에서는 대표적인 정전의 문구를 통해 한자에 대한 기본 소양을 익히는 동시에 대학생으로서 지녀야 할 상식과 철학을 함께 생각해보기로 한다.

# 1. 수양(修養)과 교육(教育)

## 1) 家之本

讀書 起家之本 循理 保家之本 勤儉 治家之本 和順 齊家之本

책을 읽음은 집안을 일으키는 근본이요, 이치를 따름은 집안을 보존하는 근본이라. 부지런함과 검소함은 집안을 보살피는 근본이요, 온화하고 순함은 집안을 다스리는 근본이라.

(明心寶鑑)

## 2) 勸學文

勿謂今日不學而有來日 勿謂今年不學而有來年
日月逝而歲不我延 嗚呼老而是誰之愆
少年易老學難成 一寸光陰不可輕
未覺池塘春草夢 階前梧葉已秋聲

오늘 배우지 않고서 내일이 있다고 말하지 말고, 금년에 배우지 않고 내년이 있다고 말하지 말라! 해와 달은 가고 세월은 나를 기다리지 않으니, 오오 늙었거늘 이 누구의 허물인가? 소년은 늙기 쉽고 배움은 이루기 어려우니, 잠시라도 시간을 가볍게 여기지 말라! 연못가의 봄풀은 아직 꿈을 깨지도 못하는데, 뜰 앞의 오동나무 잎은 벌써 가을 소리를 전하는구나!

(朱子)

## 3) 正心

心不在焉 視而不見 聽而不聞 食而不知其味 此謂修身在其正心

마음이 그곳에 있지 않으면 보아도 보이지 않고 들어도 들리지 않고 먹어도 그 맛을 모른다. 이러므로 몸을 닦음이 그 마음을 바르게 함에 있다고 하는 것이다.

(大學)

### 4) 戒子弟

忠宣公 戒子弟曰 人雖至愚 責人則明 雖至明 恕己則暗 但常以責人之心 責己 以恕己之心 恕人 不患不到聖賢地位也

충선공이 아들들을 경계하여 말하기를 “사람이 비록 지극히 어리석더라도 남을 꾸짖는 데는 현명하고, 비록 지극히 현명하다 하더라도 자기를 용서하는 데에는 어리석으니, 다만 늘 남을 꾸짖는 마음으로 자기의 잘못을 꾸짖고, 자기를 용서하는 마음으로 남을 용서하면 성인이나 현인의 자리에 이르지 못함을 근심할 것이 없다.”

(小學)

### 5) 九思

子曰 君子有九思 視思明 聽思聰 色思溫 貌思恭 言思忠 事思敬 疑思問 忿思難 見得思義

공자가 말하기를, “군자는 아홉 가지 생각을 가지니 볼 때는 밝음을 생각하며, 들을 때에는 똑똑함을 생각하며, 얼굴빛은 온화함을 생각하며, 모습은 공손함을 생각하며, 말할 때에는 거짓 없음을 생각하며, 섬길 때에는 공경함을 생각하며, 의문이 일어날 때에는 물을 것을 생각하며, 화가 날 때에는 나중에 닥칠 환난을 생각하며, 이득을 보게 될 때에는 옳음을 생각해야 한다.”

(小學)

### 6) 日三省吾身

曾子曰 吾日三省吾身 爲人謀而不忠乎 與朋友交而不信乎 傳不習乎

증자가 말하기를, “날마다 내 몸을 세 번 돌아보아야 하나니 남을 위해서 일을 계획하면서 진심을 다하지 못하였는가, 벗과 더불어 사귀면서 신의를 저버리지 않았는가, 익히지 못한 것을 전수하지 않았는가 함이다.”

(論語)

### 7) 人不學不知義

禮記曰 玉不琢不成器 人不學不知義

『예기』에 말하기를, “옥을 다듬지 못하면 그릇을 만들 수 없고, 사람이 배우지 못하면 옳음을 알지 못한다.”

(禮記)

## 8) 孔子三計圖

孔子三計圖云 一生之計在於幼 一年之計在於春 一日之計在於寅 幼而不學 老無所知 春若不耕 秋無所望 寅若不起 日無所辦

공자가 삼계도에 이르기를, “일생의 계획은 어릴 때에 있고, 일 년의 계획은 봄에 있으며, 하루의 계획은 새벽에 있다. 어려서 배우지 않으면 늙어서 아는 것이 없고, 봄에 밭갈이 하지 않으면 가을에 바랄 것이 없으며, 새벽에 일어나지 않으면 그 날의 할 일이 없다.”

(明心寶鑑)

## 9) 終身行善

終身行善 善猶不足 一日行惡 惡自有餘

평생 동안 착한 일을 행하더라도 선은 오히려 부족하고, 단 하루만 악을 행하더라도 악은 그대로 남아 있느니라.

(明心寶鑑)

## 10) 以文會友

人之在世 不可無友 以文會友 以友輔仁 友其正人 我亦自正 從遊邪人 我亦自邪

사람이 세상을 살면서 벗이 없으면 안 되니, 글을 통해 벗을 만나고 벗으로써 어짊을 더하라. 벗이 바른 사람이면 나 역시 저절로 바르게 되고, 간사한 사람을 따라다니며 놀면 나도 저절로 간사해진다.

(四字小學)

### 11) 口是禍之門

**口是禍之門 舌是斬身刀 閉口深藏舌 安身處處宇**

맹입은 화[禍] 불러들이는 구멍이고 혀는 몸을 자르는 칼과 같다. 입을 닫고 혀를 깊이 감추어 두면 어느 곳에서나 몸은 안전하다.

(馮道, 全唐書, 舌詩篇)

## 2. 인성 본연의 삶

### 1) 昊天罔極

**詩曰 父兮生我 母兮鞠我 哀哀父母 生我劬勞 欲報深恩 昊天罔極**

『시경』에 이르기를, "아버지 나를 낳으시고, 어머니 나를 기르시니, 애닯다 부모님이시어! 나를 낳아 기르시느라 애쓰셨도다. 그 은혜를 갚고자 하는데 하늘처럼 끝이 없도다!" 라고 하였다.

(詩經)

### 2) 孝之始終

**孔子謂曾子曰 身體髮膚受之父母 不敢毁傷孝之始也 立身行道揚名於後世 以顯父母孝之終也 夫孝始於事親 中於事君 終於立身**

공자가 증자에게 말하기를, "몸과 머리카락과 살갗은 부모에게서 받았으니 절대로 상처를 내지 아니함이 효의 시작이요, 훌륭한 몸으로 세상에 나서서 올바른 도리를 행하고 이름을 후세에 드러내어 부모의 이름을 빛내는 것이 효의 끝맺음이다. 대저 효도라는 것은 어버이를 섬기는 데에서 시작하고, 임금을 섬기는 데에서 중간이 되며, 출세를 하는 데에서 끝나게 된다."

(孝經)

### 3) 父子有親

**父子天性之親 生而育之 愛而敎之 奉而承之 孝而養之 苟或 父而不子其子**

子而不父其父 其何以立於世乎 雖然 天下無不是底父母 父雖不慈 子不可以不孝

부모와 자식은 하늘이 정해준 친한 관계이기 때문에 (부모는) 자식을 낳아서 기르고 사랑하고 가르쳐야 하며, (자식은) 부모를 받들어 부모의 뜻을 이어가고 부모에게 효도하면서 봉양해야 한다. 만일 부모가 자식을 자식으로 대하지 않고, 자식이 부모를 부모로 받들지 않는다면 무슨 낯으로 세상에 설 수 있으랴. 그러나 천하에는 옳지 않은 부모가 없는지라. 부모가 비록 인자하지 않더라도 자식은 효도하지 않아서는 안 된다.

(童蒙先習)

### 4) 若夫人子之不孝也

若夫人子之不孝也 不愛其親 而愛他人 不敬其親 而敬他人 惰其四肢 不顧父母之養 博奕好飮酒 不顧父母之養 好貨財 私妻子 不顧父母之養 從耳目之好 以爲父母戮 好勇鬪狠 以危父母

부모님께 불효하는 자식은 자기 어버이는 사랑하지 아니하고 다른 사람은 사랑하며, 자기 어버이는 공경하지 않으면서 다른 사람은 공경하며, 사지(四肢)를 게을리 하여 부모님에 대한 봉양을 돌아보지 않으며, 장기나 바둑, 술 마시는 것을 좋아하여 부모님에 대한 봉양을 돌아보지 않으며, 재물을 좋아하고 처자식만을 사랑해서 부모님에 대한 봉양을 돌아보지 않으며, 耳目의 욕망을 좇아 부모를 욕되게 하며, 용맹을 좋아하여 싸우고 사나워서 부모님을 위태롭게 한다.

(童蒙先習)

### 5) 夫爲人子者 出必告

曲禮曰 夫爲人子者 出必告 反必面 所遊必有常 所習必有業 恒言不稱老 年長以倍則父事之 十年以長則兄事之 五年以長則肩隨之

『곡례』에서 말했다. “남의 자식이 된 사람은 밖에 외출할 때에는 반드시 행선지를 알리고, 돌아와서 반드시 뵙고 문안 인사를 해야 한다. 노니는 곳이 있다면 떳떳한 곳이어야 하고, 배우는 것이 있다면 반드시 올바른 것이어야 한다. 항상 말할 때 늙었다는 소리는 하지 말 것이고, 나이가 배가 많거든 부모인 듯이 모실 것이며, 10년 정도 차이가 나면 형으로 모실 것이고, 5년 정도 차이가 나면 어깨를 나란히 하며 사귀어야 한다(즉 친구로 사귀어야 한다).”

(曲禮)

### 6) 孝於親 子亦孝之

太公曰 孝於親 子亦孝之 身旣不孝 子何孝焉

태공이 말하기를, “내가 어버이에게 효도하면 내 자식이 또한 나에게 효도하기 마련이니, 자신이 어버이에게 효도를 하지 않았는데 자식이 어찌 나에게 효도하겠는가?”

(明心寶鑑)

### 7) 孝順還生孝順子

孝順還生孝順子 五逆還生五逆子 不信但看簷頭水 點點滴滴不差移

효도하고 순종하는 사람은 효도하고 순종하는 자식을 낳을 것이고, 오역하는 사람은 오역하는 자식을 낳을 것이니, 믿어지지 않거든 오직 처마에서 떨어지는 물을 보라. 방울방울 떨어져도 조금도 어기거나 옮기는 일이 없이 제 자리에 떨어진다.

(明心寶鑑)

### 8) 子欲養而親不待

樹欲靜而風不止 子欲養而親不待

나무는 고요하고자 하나 바람이 그치지 아니하고 자식은 봉양하고자 하나 어버이가 기다려주지 않는다.

(漢氏外傳)

### 9) 伯俞泣

伯兪有過 其母笞之泣 其母曰 他日笞 子未嘗泣 今泣何也 對曰 有得罪笞常痛 今母之力 不能使痛 是故泣

맏아들 유에게 허물이 있어 그 어머니가 매를 때리니, 유가 울었다. 그 어머니가 말하기를 “그 전에는 매를 맞을 때 울지 아니하더니 지금은 어찌하여 우느냐?” 유가 대답해 말하기를 “잘못하여 매를 맞을 때는 늘 아팠는데 지금은 어머니의 기력이 쇠하시어 아프지 않으니 그래서 웁니다.”

(小學)

### 10) 勅後主

漢昭烈將終 勅後主曰 勿以惡小而爲之 勿以善小而不爲

촉한의 소열제가 죽게 되었을 때, 후주에게 말하기를, “악은 작은 것이라도 행하지 말고, 선은 작은 것이라도 행하지 아니하면 안 된다.”

(明心寶鑑)

### 11) 順天者存

子曰 順天者存 逆天者亡

공자가 말하기를, “하늘에 순종하는 사람은 살고 하늘을 거스르는 사람은 망한다.”

(明心寶鑑)

# 3. 논어(論語)에 나타난 공자(孔子)의 이모저모

## 1) 공자의 명언(名言)

### (1) 不患人之不己知 患不知人也

남이 자기를 알아주지 않는 것을 근심할 것이 아니라 남을 알아보지 못함을 근심할 것이니라.

(學而)

### (2) 學而不思 則罔 思而不學 則殆

배우기만 하고 생각하지 않으면 식견이 어둡고(종잡을 데가 없고), 생각만 하고 배우지 않으면 학문이 확고하지 못하다.

(爲政)

(3) 由 誨女 知之乎. 知之爲知之 不知爲不知 是知也

유야 너에게 안다는 것을 가르쳐 주랴? 아는 것을 안다고 하고 모르는 것을 모른다고 하는 것이 아는 것이다.

(爲政)

(4) 朝聞道 夕死可矣

아침에 도를 깨달아 알게 되면 저녁에 죽는다해도 좋다.

(里仁)

(5) 士志於道 而恥惡衣惡食者 未足與議也

선비(군자)가 도에 뜻을 두고 허술한 옷과 험한 음식을 부끄러워한다면 그와는 함께(더불어) 의논하지 못할 것이다(의견을 교환할 여지도 없다).

(里仁)

(6) 賢哉回也. 一簞食 一瓢飮 在陋巷 人不堪其憂 回也不改其樂 賢哉回也

어질구나 회여! 한 그릇의 밥고 한 표주박의 물로(마심으로) 빈촌에서 살면 다른 사람들은 그 근심을 견디어내지 못하는데, 회는 그렇게 살면서도 그의 즐거움이 변하지 않는다. 훌륭하도다 회여!

(雍也)

(7) 德不孤 必有隣

덕이 있는 사람은 외롭지 아니하고 반드시 이웃이 있는 것이다.

(里仁)

(8) 後生可畏 焉如來者之不如今也 四十五十而無聞焉 斯亦不足畏也已

젊은 사람들은 무섭다. 앞날이 지금만 못하리라고야 어찌 알겠는가? 그러나 40, 50이 되어도 이름이 알려지지 않는다면 그러한 사람들은 또 무서울 것이 없다.

(子罕)

(9) 三人行 必有我師焉 擇其善者而從之 其不善者而改之

세 사람이 같이 길을 가면 거기에는 반드시 내 스승이 있다. 그들의 선한 점을 골라서 그것에 따르고 그들의 선하지 않은 점을 골라서 내 자신을 바로 잡는다.

(述而)

**(10) 不憤不啓 不悱不發 擧一隅 不以三隅反 則不復也**

(무지에) 분노하지 않으면 갈 길을 터주지 않고, 표현에 답답해하지 않으면 틔겨주지 않는다. 또 사물의 한 면을 제시해주어 그것으로 나머지 세 면을 추론하지 못하는 이에게는 되풀이하여 지도하지 않는다.

(述而)

**(11) 知者不惑 仁者不憂 勇者不懼**

지혜로운 사람은 당황하지 않고, 어진 사람은 근심하지 않으며, 용기 있는 사람은 두려워하지 않는다.

(子罕)

**(12) 君子不以言擧人 不以人廢言**

군자는 말을 가지고 사람을 천거하지 않고, 사람을 가지고 말을 없애지 않는다(좋지 못한 사람이라고 해서 그 말까지 못하게 하지는 않는다).

(衛靈公)

**(13) 過而不改 是謂過矣**

허물이 있는 것을 고치지 않으면 이것이 허물이다.

(衛靈公)

**(14) 子貢問曰 有一言而可以終身行之者乎 子曰 其恕乎 己所不欲 勿施於人**

자공이 "한 마디로 평생토록 행할 만한 것이 있습니까?"하고 여쭈어 보았다. 공자가 말하기를 "서(恕, 용서)일게다. 자기가 원하지 않는 것을 남에게 베풀지 말라"

(衛靈公)

## 2) 공자의 인간성(人間性)

### ◎ 진실(眞實)한 학도(學徒)

**(1) 我非生而知之者, 好古敏以求之者也**

나는 태어나면서부터 아는 사람이 아니라 옛것을 좋아하여 부지런히 찾아서 배운 사람이다.

(述而)

(2) 吾嘗終日不食 終夜不寢 以思 無益 不如學也

내가 일찍이 온 종일 먹지 않고 밤이 새도록 자지 않고 생각해 보았으나 무익한 지라 배우는 것만 같지 못하더라.

(衛靈公)

(3) 黙而識之 學而不厭 誨人不倦 何有於我哉

잠자코 있으면서 알고 있고, 배우면서 물리지 않으며, 남을 가르치기에 지치지 않는 점으로는 나에게는 부족이 없다.

(述而)

(4) 德之不修 學之不講 聞義不能徙 不善不能改 是吾憂也

덕이 닦아지지 않는 것과 학문이 익혀지지 않는 것과 불의임을 알고도 옮겨가지 못하는 것과 선하지 않음을 고치지 못하는 것이 내 근심이다.

(述而)

(5) 我非生而知之者 好古敏以求之者也

나는 나면서부터 도를 깨우친 사람이 아니라 옛 것을 좋아하여 민첩하게 이것을 구한 사람이다.

(述而)

(6) 學如不及 猶恐失之

배우는 데는 미치지 못한 것 같이 하고, 잃을까 두려워하는 것 같이 하라.

(泰伯)

## ◎ 간소(簡素)한 생활(生活)

(1) 子貢曰 貧而無諂 富而無驕 何如 子曰 可也 未若貧而樂 富而好禮者也

자공이 말하기를 "가난하면서도 아첨하지 않으며, 부유하면서도 교만함이 없다면 어떻습니까?" 공자가 말하기를 "괜찮기는 하나 가난하면서도 도를 즐기고 부유하면서도 예를 좋아하는 것만 못하다."

(學而)

(2) 飯疏食飮水 曲肱而枕之 樂亦在其中矣 不義而富且貴 於我如浮雲

거친 것을 먹고 물을 마시며 팔베개를 하고 살아도 즐거움은 또한 그 가운데 있는 것이다. 의롭지 않으면서 돈 많고 벼슬 높은 것은 나에게는 뜬구름과 같다.

(述而)

(3) 奢則不孫 儉則固 與其不孫也 寧固

사치하면 겸손하지 못하고 검약하면 고루하게 된다. 그러나 겸손치 아니함보다는 차라리 고루한 것이 더 좋다.

(述而)

(4) 貧而無怨難 富而無驕易

가난하면 원망하지 않기 어렵고, 부유하면 교만해지기 쉽다.

(憲問)

### 3) 공자의 낙(樂)

(1) 學而時習之 不亦悅乎 有朋自遠方來 不亦樂乎 人不知而不慍 不亦君子乎

배우고 때로 익히는 것이 또한 즐겁지 아니한가. 벗이 있어 먼 곳으로부터 오면 또한 즐겁지 아니한가. 남이 나를 알아주지 않아도 성내지 않으면 또한 군자가 아닌가.

(學而)

(2) 知者樂水 仁者樂山 知者動 仁者靜 知者樂 仁者壽

지혜로운 사람은 물을 좋아하고 어진 사람은 산을 좋아한다. 지혜로운 사람은 움직이고 어진 사람은 조용하다. 지혜로운 사람은 즐겁게 살고 어진 사람은 장수한다.

(雍也)

## 4) 공자의 정치사상(政治思想)

### ◎ 정명주의(正名主義)

(1) 子路曰 衛君待子而爲政 子將奚先 子曰 必也正名乎 子路曰 有是哉 子之迂也 奚其正 子曰 野哉 由也 君子於其所不知 蓋闕如也 名不正 則言不順 言不順 則事不成 事不成 則禮樂不興 禮樂不興 則刑罰不中 刑罰不中 則民無所措手足 故 君子名之必可言也 言之必可行也 君子於其言 無所苟而已矣

자로가 “위나라 임금이 선생님께 정치를 하여 주시기를 기다리고 있다고 하면 선생님께서는 무슨 일부터 하시겠습니까?” 하고 말씀드렸다. 공자가 말하기를 “반드시 이름을 바로 잡을 게다”라고 하였다. 자로가 “그러한 생각을 가지고 계십니까? 선생님께서는 일에 뜻이 있으십니다. 이름을 바로 잡아서 무엇 하시겠습니까?” 하고 말씀드렸다. 공자가 말하기를 “야비하구나 유야. 군자는 자기가 모르는 것에 관해서는 보류해두는 법이다. 이름이 바르지 않으면 말이 맞지 않고, 말이 맞지 않으면 일이 제대로 되지 않는다. 일이 제대로 되지 않으면 예와 악이 성행하지 않고, 예와 악이 성행하지 않으면 형벌이 바로 가해지지 않는다. 형벌이 바로 가해지지 않으면 백성들은 손발을 둘 데가 없어진다. 그러므로 군자는 이름을 붙이게 되면 반드시 그것에 관해서 말할 수 있게 되고, 말하면 반드시 그것을 실행할 수 있게 되는 것이다. 군자는 자기의 말에 구차한 점이 없을 따름이다.”라고 하였다.

(子路)

(2) 齊景公問政於孔子 孔子對曰 君君 臣臣 父父 子子

제나라 경공이 공자에게 정치에 관하여 물어 보았다. 공자가 대답하기를 “임금은 임금 노릇을 하고 신하는 신하 노릇을 하고 아비는 아비 노릇을 하고 자식은 자식 노릇을 하는 것입니다”라고 하였다.

(顔淵)

(3) 季康子問政於孔子 孔子對曰 政者正也 子帥以正 孰敢不正

계강자가 공자에게 정치에 관해서 물어 보았다. 공자가 대답하기를 “정치란 바로 잡는 일입니다. 선생께서 바로 거느리시면 누가 감히 바르지 않게 굴겠습니까?”

(顔淵)

## 덕치주의(德治主義)

### (1) 爲政以德 譬如北辰 居其所 而衆星共之

덕으로 정치를 하는 것은 비유하자면 북극성이 제자리에 있고 여러 별들이 그것을 향하여 도는 것과 같다.

(爲政)

### (2) 道之以政 齊之以刑 民免而無恥 道之以德 齊之以禮 有恥且格

법제로 이끌고(인도하고) 형벌로 다스리면(질서를 잡으면) 백성들은 형벌을 모면하나 수치심이 없게 되고, 덕으로 이끌고 예로 다스리면 수치심을 갖게 되고(양심에 부끄러워할 줄 알며) 또 올바르게 된다.

(爲政)

## 예치주의(禮治主義)

### (1) 上好禮 則民易使也

윗자리에 있는 사람이 예를 좋아하면 백성들을 부리기 쉽다.

(憲問)

### (2) 恭而無禮則勞 愼而無禮則葸 勇而無禮則亂 直而無禮則絞

공손하면서 예가 없으면 수고로워지고, 신중하면서도 예가 없으면 두려워지고, 용맹스러우면서도 예가 없으면 난동을 저지르게 되고, 곧으면서 예가 없으면 박절하여진다(조급하여 두서가 없어진다).

(泰伯)

### (3) 顔淵問仁 子曰 克己復禮爲仁 一日克己復禮 天下歸仁焉 爲仁由己 而由人乎哉 顔淵曰 請問其目 子曰 非禮勿視 非禮勿聽 非禮勿言 非禮勿動

안연이 인에 대하여 물어 보았다. 공자가 말하기를 "자기의 사욕을 이겨 예에 돌아감이 인을 하는 것이니, 하루 동안이라도 사욕을 이겨 예에 돌아가면 천하가 인에 돌아올 것이다. 인을 실천하는 것은 자기로부터 시작되지 남으로부터 시작되어야 되겠느냐?" 하였다. 안연이 말하기를 "청컨대 그 세목을 묻고 싶습니다." 공자가 말하기를 "예가 아니면 보지 말고 듣지도 말며 말하지도 말고 행동하지도 말 것이니라."라고 하였다.

(顔淵)

(4) 林放問禮之本 子曰 大哉問 禮與其奢也寧儉 喪與其易寧戚

임방이 예의 근본을 묻자, 공자가 말하기를 "크도다, 물음이여(대단한 질문이오)! 예는 사치스럽다기보다는 차라리 검소해야 하고 상사는 정연하기보다는(겉치레보다는) 차라리 슬퍼야 하오.

(八佾)

(5) 能以禮讓爲國乎 何有 不能以禮讓爲國 如禮何

예법과 겸양을 가지고 나라를 다스릴 수 있느냐고? 무슨 문제가 있겠는가? 예법과 겸양을 가지고 나라를 다스리지 못한다면 예는 해서 무엇하겠는가?

(里仁)

(6) 興於詩 立於禮 成於樂

시에서 사람이 좋은 것을 좋아하고 나쁜 것을 싫어하는 정서를 일으키고 예에서 의범을 세우고 악에서 조화를 이룬다(시로써 감흥을 갖고, 예로써 자립하고, 음악으로 완성한다).

(泰伯)

## 5) 공자의 철학사상(哲學思想)

### ◎ 상고주의(尙古主義)

(1) 周監於二代 郁郁乎文哉 吾從周

주나라의 문물제도는 하, 은 두 대를 본받았으니 욱욱히 빛나는 지라(그 문화는 대단히 찬란하다) 나는 주나라를 좇을 것이다.

(八佾)

(2) 如有用我者 吾其爲東周乎

만약에 나를 써주는 사람이 있다면 나는 그 나라를 동쪽의 주나라로 만들겠다.

(陽貨)

(3) 甚矣吾衰也 久矣 吾不復夢見周公

내가 심히도 노쇠하였구나. 내가 다시 주공을 뵙지 못하게 된 지도 오래 되었으니!

(述而)

## 경천사상(敬天思想)

(1) 子見南子 子路不悅 夫子矢之曰 予所否者 天厭之 天厭之

공자께서 남자를 만나 보셨는데 자로가 좋지 않아 했다. 선생께서 맹세하시기를 "내가 예에 맞지 않는 일을 한 것이 있다면 하늘에게 버림을 받을 것이다. 하늘에게 버림을 받을 것이다(하늘이 싫어하실 것이다).

(雍也)

(2) 子疾病 子路使門人爲臣 病閒曰 久矣哉 由之行詐也 無臣而爲有臣 吾誰欺 欺天乎

공자가 병환이 위중할 때 자로가 제자들을 시켜 가신이라는 방법으로 시종하게 했다. 병이 좀 좋아지자 이렇게 말했다. "오래되었구나! 유가 거짓을 행한 지가. 가신이 없는데도 가신이 있는 것으로 한다면 나는 누구를 속이자는 것이냐, 하늘을 속이자는 것이냐?

(子罕)

(3) 子曰 不怨天 不尤人 下學而上達 知我者 其天乎

하늘을 원망하지 않고 남을 허물하지 않고 밑에서부터 배워서 위로 통달하거니와 (이러한) 나를 아는 것은 하늘일 것이다.

(公孫丑下)

# 4. 맹자(孟子)의 名言

(1) 謹庠序之敎 申之以孝悌之義 頒白者不負 戴於道路矣

학교 교육을 철저히 실시하여 효도와 공경하는 법을 가르친다면 반백(頒白)된 노인이 길에서 짐을 지거나 이고 다니지 않을 것입니다.

(梁惠王 上)

(2) 以力服人者 非心服也 力不贍也 以德服人者 中心悅而誠服也 如七十子之服孔子也 詩云自西自東 自南自北 無思不服 此之謂也

힘으로 남을 복종시키는 것은 마음의 복종이 아니라 힘이 부족하여 할 수 없이 복종하는 것이요. 덕으로 남을 복종시키는 것은 마음속으로부터 기뻐서 진실로 복종하는 것이니 이는 마치 칠십 명의 제자들이 공자에게 복종함과 같다. 시경에 이르기를 서로부터 하고 동으로부터 하며 남으로부터 하고 북으로부터 하여 생각함에 복종하지 않음이 없다 했으니 이를 이름이다.

(公孫丑 上)

(3) 老吾老, 以及人之老. 幼吾幼, 以及人之幼. 天下可運於掌

우리 집 노인(어버이)을 공경하여 그 마음을 남의 집 노인(어버이)에게까지 미쳐가게 하고, 우리 집 어린 아이를 사랑하여 그 마음을 남의 집 어린 아이들에게까지 미쳐가게 하면, 천하는 손바닥 위에서 마음대로 움직일 수 있듯 잘 다르려질 것입니다.

(梁惠王 上)

(4) 樂天者保天下 畏天者保其國

하늘 뜻을 즐기는 사람은 천하를 편안케 하고, 하늘 뜻을 두려워하는 사람은 나라를 편안케 합니다.

(梁惠王 下)

(5) 曾子曰, 戒之戒之 出乎爾者 反乎爾者也 夫民今而後得反之也 君無尤焉 君行仁政 斯民親其上 死其長矣

증자가 말하기를 "조심하고 조심하라. 너에게서 나온 것은 너에게로 돌아온다(出爾反爾)"고 했습니다. 백성들은 지난 날 지휘관들한테 당한 것을 이렇게 보답한 것이니, 어찌 백성들을 나무랄 수 있겠습니까.

(梁惠王 下)

(6) 人之有道也 飽食暖衣 逸居而無敎 則近於禽獸

사람이 배불리 먹고 따뜻하게 입고 편안히 살면서 교육을 시키지 않으면 곧 금수에 가깝게 된다.

(小學)

(7) 丈夫之冠也 父命之 女子之嫁也 母命之 往送之門 戒之曰 往之女家 必敬必戒 無違夫子 以順爲正者 妾婦之道也 居天下之廣居 立天下之正位 行天下之大道 得志與民由之 不得志獨行其道 富貴不能淫 貧賤不能移 威武不能屈 此之謂大丈夫

장부가 관례를 할 때는 아버지가 명하고, 여자가 시집 갈 때는 어머니가 명하는 것이니, 갈 적에 문에서 보내며 훈계하기를 '네가 시집가서는 반드시 공경하고, 반드시 조심하여 남편의 뜻을 어기지 말라'고 하나니, 순종하는 것을 올바른 것으로 여기는 것은 부녀자의 도리이다. 천하라는 넓은 집에 거하며, 천하의 올바른 자리에 서고, 천하의 대로를 실천하며, 뜻을 얻으면 백성과 더불어 (그 도를) 행하고, 뜻을 얻지 못하면 혼자서 그 도를 실천하여 부귀가 능히 그 마음을 방탕하게 하지 못하며, 빈천이 능히 그 절개를 변하게 하지 못하고, 위무가 능히 그 지조를 굽히게 하지 못하게 되어야 그것을 대장부라 하는 것이다.

(滕文公 下)

(8) 惟仁者宜在高位 不仁而在高位 是播其惡於衆也 上無道揆也 下無法守也 朝不信道 工不信度 君子犯義 小人犯刑 國之所存者幸也

오직 어진사람만이 마땅히 높은 지위에 있어야 한다. 어질지 않은 사람이 높은 자리에 있게 되면 그 악함을 여러 사람들에게 퍼뜨리게 된다. 위에 있는 임금은 도로써 하늘의 뜻을 헤아림이 없고, 아래에 있는 백성들이 법을 지키지 않으며, 조정에서는 법도를 믿지 않고, 공인과 관리들이 표준을 믿지 않으며, 군자가 의리를 어기고 소인이 형법을 어기면서 나라가 보존된다면 요행이다.

(離婁 上)

(9) 愛人不親反其仁 治人不治反其智 禮人不答反其敬

사람을 사랑하는데 친해지지 않으면 자신의 인을 돌아보고, 사람을 다스리는데 다스려지지 않으면 자신의 지를 돌아보고, 사람을 예하는데 답하지 않으면 자신의 경을 돌아보라.

(離婁 上)

(10) 桀紂之失天下也 失其民也 失其民者 失其心也 得天下有道 得其民 斯得天下矣 得其民有道 得其心 斯得民矣 得其心有道 所欲與之聚之 所惡勿施爾也

걸과 주가 천하를 잃은 것은 그 백성을 잃음이다. 그 백성을 잃었다는 것은 백성들의 마음을 잃음이다. 천하를 얻는 것에 도가 있으니, 그 백성을 얻으면 곧 천하를 얻을 것이다. 그 백성을 얻는 것에 도가 있으니 그 마음을 얻으면 곧 백성을 얻을 것이다. 그 마음을 얻는데 도가 있으니, 바라는 것을 그들을 위해 모아주고, 싫어하는 것을 해주지 않는 것이다.

(離婁 上)

(11) 上無禮 下無學 賊民興 喪無日矣

위가 무례하고 아래가 배움이 없으면 도적이 일어나 망함에 하루도 없을(걸리지 않을) 것이다.

(離婁 上)

(12) 存乎人者 莫良於眸子 眸子不能掩其惡 胸中正則眸子瞭焉 胸中不正則眸子眊焉 聽其言也 觀其眸子 人焉廋哉

사람을 살피는 데는 눈동자보다 더 좋은 것이 없다. 눈동자는 악을 감추지 못한다. 마음속이 올바르면 눈동자가 맑고, 마음속이 올바르지 않으면 눈동자가 어둡다. 그 말을 듣고 눈동자를 보는데 어떻게 감출 수 있겠는가?

(離婁 上)

(13) 恭者不侮人 儉者不奪人

공손한 사람은 남을 업신여기지 아니하고, 검소한 사람은 남의 것을 뺏지 아니한다.

(離婁 上)

(14) 古者易子而敎之 父子之間不責善 責善則離 離則不祥莫大焉

옛날에는 아들을 바꿔서 가르쳤고, 아버지와 아들 사이에는 잘되라고 나무라지도 않았다. 잘하라고 나무라게 되면 아버지와 아들 사이에 틈이 생기게 되고 사이가 나쁘게 되면 상서롭지 못하기가 이보다 큰 것이 없다.

(15) 人之易其言也 無責耳矣

사람들이 말을 쉽게 하는 것은 책임지지 않는다는 것을 의미일 뿐이다.

(離婁 上)

(16) 學問之道無他 求其放心而已矣

학문하는 길은 다른 것이 아니다. 잃어버린 본심을 찾아내는 것일 따름이다.

(告子 上)

(17) 天將降大任於是人也 必先苦其心志 勞其筋骨 餓其體膚 空乏其身 行拂亂其所爲 是故動心忍性 增益其所不能

하늘이 장차 어떤 사람에게 큰일을 맡기려 할 때는 반드시 먼저 그 마음과 뜻을 흔들어 고통스럽게 하고 뼈마디가 꺾어지는 고난을 당하게 하며 그의 몸을 굶주리게도 하고 그 생활을 빈궁에 빠뜨려 하는 일 마다 어지럽게 하느니라. 이는 그의 마음을 두들겨서 참을성을 길러주어 지금까지 할 수 없었던 일도 할 수 있게 하기 위함이니라.

(告子 上)

(18) 指不若人 則知惡之 心不若人 則不知惡

손가락이 남과 다르면 싫어할 줄 알면서, 마음이 남과 다르면 그것을 싫어할 줄 모른다.

(告子 上)

(19) 孟子曰從其大體爲大人 從其小體爲小人

자기의 큰 몸을 따라가면 대인이 되고 작은 몸을 따라가면 소인이 된다.

(告子 上)

(20) 人不可以無恥 無恥之恥 無恥矣

사람이란 부끄러워하는 마음이 없어선 안 된다. 부끄러워하는 마음이 없는 것을 부끄러워하면 부끄러워할 일이 없게 될 것이다.

(盡心 上)

(21) 於不可已而已者 無所不已

그만두어서는 안 될 데서 그만두는 자는 그만두지 않는 것이 없다.

(盡心 上)

# 02
# 한자(漢字)와 문화(文化)

## 1. 한자와 대중사회

최근 들어 사회나 공무원 시험 등에서 한자나 고사성어를 활용한 문장들이 많이 쓰이고 있다. 한자에 대한 기초 지식은 우리가 지식인으로서 이 시대를 살아가는 데 있어서 매우 효용적인 것이다. 또한 한자는 우리 시대를 이해하는 하나의 수단이기도 하다. 이와 관련된 재미있는 사례를 제시해보기로 한다.

<교수신문>은 몇 해 전부터 전국 교수를 상대로 설문조사를 실시하여 한국의 정치, 경제, 사회를 정리할 수 있는 올해의 사자성어로 뽑고 있다. 이를 시대별로 정리하면 다음과 같다.

2003년은 올해의 사자성어로 '右往左往'(이리저리 왔다 갔다 하며 일이나 나아가는 방향을 종잡지 못함)을 뽑았다. 이는 참여정부 출범 이후 정치, 외교, 경제 분야에서 혼선을 빚고 있는데다 대구지하철 참사까지 발생하는 등 사회 각 분야마저 제자리를 찾지 못한 채 갈 곳을 잃은 모습을 보여줬기 때문이란다.

2004년은 '黨同伐異'(시비를 가리지 않고 내 편, 네 편을 갈라 무조건 배격함), 2005년은 '上火下澤'(불이 위에 놓이고 못이 아래에 놓인 모습으로 분열한 상황 의미), 2006년은 '密雲不雨'(하늘에 구름만 빽빽하고 비가 되어 내리지 못하는 상태, 어떤 일의 조건은 모두 갖추었으나 일이 이뤄지지 않음), 2007년 '自欺欺人'(자기를 속이고 남을 속인다는 의미, 거짓말이 넘치는 세태 풍자)이 각각 선정되었다.

2008년 이명박 정부 첫 해의 사자성어는 '護疾忌醫'(병을 숨기면서 의사에게 보이지 않는다)였다. 이는 문제가 있는데도 다른 사람의 충고를 꺼려 듣지 않는다는 것을 가리킨다. 이어 2009년에는 '旁岐曲逕'(일을 바르게 하지 않고 그릇된 수단을 써서 억지로 한다), 2010년에는 '藏頭露尾'(진실을 숨겨두려 했지만 실마리는 이미 만천하에 드러나 있다), 2011년에는 '掩耳盜鐘'(나쁜 일을 하고 비난을 듣기 싫어 귀를 막지만 소용없다)이었다.

2012년은 '擧世皆濁'이 선택되었다. '거세개탁'은 중국 초나라 충신 굴원의 <어부사(漁父辭)>에 나오는 '온 세상이 흐리지만 나 홀로 맑고, 모두가 취했지만 나 홀로 깨어 있다(擧世皆濁我獨淸 衆人皆醉我獨醒)'에서 따왔다. '거세개탁'을 추천한 한신대 윤평중 교수는 '보수와 진보가 총동원돼 격렬하게 진행된 총선과 대선 다툼의 결과 한국 사회에서 신뢰할 만한 중도적 균형자와 깨어 있는 단독자의 목소리가 거의 사라지고 말았다' '지식인 사회의 과도한 정치 지향성은 한국 사회에서 이름깨나 있는 교수나 문인, 사회 활동가와 지식인치고 특정 대선후보 진영과 직·간접적으로 연계돼 있지 않은 이들을 씨를 말리다시피 하는 처참한 상황으로 귀결됐다'고 덧붙였다.

2013년은 '除舊布新'(묵은 것을 제거하고 새로운 것을 펼쳐낸다)이 선정되었다. 이 말은 『춘추좌전』에 나오는 말로 춘추전국시대 노나라 소공(昭公) 17년 겨울, 하늘에 혜성이 나타나자 노나라의 대부(大夫) 신수(申須)가 이를 제구포신의 징조로 해석했다는 내용이 나온다. 혜성은 동서양을 막론하고 불길함의 상징으로 여겨졌는데 오히려 이를 변혁의 징조로 풀이한 것이다.

2014년은 '轉迷開悟'(번뇌로 인한 미혹에서 벗어나 열반을 깨닫는 마음에 이른다)라는 불교용어가 선택되었다. '전미개오'를 통해 가짜와 거짓이 횡행했던 당대의 실정과, 미망에서 돌아 나와 깨달음을 얻고자 하는 사회적 염원을 엿볼 수 있다.

2015년은 '昏庸無道'(세상이 온통 어지럽고 무도하다)가 선정됐다. 여기에서 '昏庸'은 어리석고 무능한 군주를 가리키는 '昏君'과 '庸君'이 합쳐진 말이며, '無道'는 세상이 어지러워 도리가 제대로 행해지지 않음을 묘사한 논어의 '天下無道'에서 유래했다. 따라서 '혼용무도'는 '어리석은 군주가 세상을 어지럽혔다'는 의미로 풀이할 수 있다.

2016년은 '君舟民水'(군주는 배요 물은 백성이다)가 선정됐다. '군주민수'는 '백성은 물이요 임금은 배이니, 강물의 힘으로 배를 뜨게 하지만 강물이 화가 나면 배를 뒤집을 수도 있다'는 것을 의미한다. 2016년의 국정 혼란과 이를 바로잡기 위한 국민들의 평화적

시위는 한국 현대사에 오래 기억될 것이다.

한편 재미있는 설문도 있었다. 안대희(성균관대 한문학과) 교수가 이 학과 '한국한문학비평'을 듣는 3, 4학년 20명에게 김연아, 비, 소녀시대, 유재석, 장동건, 강호동, F4 등을 표현하는 사자성어를 물어보았다. 다음은 그에 대한 학생들의 표현을 정리한 것이다.

### ■ 개세지재(蓋世之才) 김연아

김연아를 표현하는 사자성어로는 '세상을 덮을 만한 재주'라는 뜻의 개세지재(蓋世之才)를 포함해 '붕정만리(鵬程萬里)', '철중쟁쟁(鐵中錚錚)', '경국지색(傾國之色)', '명모호치(明眸皓齒)' 등이 뽑혔다.

### ■ 천의무봉(天衣無縫) 장동건

장동건은 잘생긴 외모를 들어내는 사자성어가 많았다. '천의무봉(天衣無縫)', '인중지룡(人中之龍)', '우성인자(優性因子)' 등이 돋보였으며, 너무 잘생긴 탓에 '돌연변이(突然變異)'도 뽑혔다. 그러나 외출을 잘 하지 않는 성격 탓에 '두문불출(杜門不出)'도 나왔다.

### ■ 요원지화(燎原之火) 비

비는 2006년 시사주간지 타임지가 선정한 '세계에서 가장 영향력 있는 인물 100인'에 드는 등 월드스타의 면모를 갖춰 '요원지화(燎原之火)', '교룡운우(蛟龍雲雨)', '군자불기(君子不器)' 등의 호평을 받았다. 그러나 최근 미국 콘서트 최소와 관련해 거액의 손해 배상 소송과 연애사건에 휘말린 탓인지 '호사다마(好事多魔)', '설상가상(雪上加霜)' 등의 말들도 있었다.

### ■ 마부작침(磨斧作針) 유재석

유재석은 그의 꾸준한 노력을 높이 사 '마부작침(磨斧作針)' '대기만성(大器晩成)' 등이 있었으며, 늘 성실함으로 '우공이산(愚公移山)', '노마십가(駑馬十駕)' 등을 뽑았다. 그리고 슬기롭고 예의바른 모습을 '명철보신(明哲保身)', '겸양지덕(謙讓之德)' 등으로 나타냈다.

## 2. 속담으로 한자 익히기

일상생활에서 자주 쓰이는 속담을 통해 한자를 익히면 좀 더 쉽게 배울 수 있다. 우리 속담을 한자로 바꾼 사람은 홍만종이다. 그는『순오지(旬五志)』2권 1책(『십오지(十五志)』)라고도 불림)을 썼는데 이는 보름만에 책을 완성했다고 하여 붙여진 이름이다. 이 책은 단군을 우리 민족의 선조로서 높이 숭상하여 우리 역사의 유구함과 독자성을 강조하는 등, 중국 중심의 역사관을 극복하고자 한 것이 돋보인다. 그러한 예로 고구려가 중국을 물리치고 세력을 크게 떨친 사실을 높이 평가함으로써 문약(文弱)에 빠져 중국에 해마다 공물을 바치는 조선의 현실을 안타깝게 여겼을 뿐만 아니라 명분만 앞세우는 유학을 비판하면서 실질과 무(武)를 숭상한 고구려의 전통을 계승해야 한다는 주장 등을 통해 나약한 당시의 사회풍조에 자극과 경종을 울리고자 하였다. 그러한 실천의지의 하나로 부록에 130개에 달하는 속담을 수집해놓아 자칫 잊혀질 뻔한 우리 속담을 보전 계승할 수 있도록 해주었다.

騎馬 欲率奴
말타면 종 거느리고자 한다.

隨友 適江南
친구 따라 강남 간다.

難上之木 勿仰
오르지 못할 나무 쳐다보지도 말라.

積功之塔 不墮
공든 탑이 무너지랴.

水深可知 人心難知
열 길 물속은 알아도 한길 사람 속은 모른다.

晝語雀聽 夜語鼠聽
낮 말은 새가 듣고 밤말은 쥐가 듣는다.

衣以新爲好 人以舊爲好
옷은 새로울수록 좋고 사람은 오래될수록 좋다.

三日之程 一日往 十日臥

사흘 길을 하루에 가서는 열흘을 앓아 눕는다.

奔獐顧 放獲兎

달아나는 노루보다 이미 잡은 토끼 놓친다.

量吾被 置吾足

누울 자리 보고 발을 뻗어라

狗尾三朞 不成貂皮

개 꼬리 삼 년 두어도 황모(黃毛) 못 된다.

蔬之將善 兩葉可辨

될성부른 나무는 떡잎부터 알아 본다.

烏狗之浴 不變其黑

검둥개 목욕 감기듯.

盲人之睡如寤如寐

소경 잠 자나 마나.

釜底笑鼎底

가마 밑이 솥 밑을 검다 한다(똥 묻은 개 겨 묻은 개 나무란다).

不燃之突 烟不生

아니 땐 굴뚝에 연기 나랴.

觀美之餌 啖之亦美

보기 좋은 떡이 먹기도 좋다.

三歲之習 至于八十

세 살 버릇이 여든까지 간다.

竊鍼不休 終必竊牛

바늘 도둑이 소 도둑된다.

馬往處牛亦往(馬行處牛亦去)

말 가는 데 소도 간다.

死後藥房文

사람이 죽은 뒤에 약방문을 쓴다.

失馬治廐

소 잃고 외양간 고친다.

善睡家 善眠者聚

조는 집은 대문턱부터 존다(잠보 집은 잠보만 모인다. 조는 집에 자는 며느리 온다).

他人之餌 聊樂歲始

남의 떡에 설 쇤다.

信木熊浮

믿는 나무에 곰이 핀다(믿었던 돌에 발부리 채었다. 믿는 도끼에 발등 찍힌다).

賊反荷杖

도둑이 도리어 몽둥이를 든다.

盜之就拿厥足自痲

도둑이 제 발 저린다.

# 03
# 한자(漢字)와 생활(生活)

## 1. 한자의 다양한 쓰임

### 1) 나이와 관계있는 한자어

- 孩提(孩 : 아이 해, 提 : 끌 제) : 웃을 줄 알고 또 손으로 끌고 다닐 수 있는 어린 아이. 곧 두세 살 된 어린 아이.
- 沖年(沖 : 어릴 충, 年 : 해 년) : 10세 전후의 나이.
- 志學(志 : 뜻 지, 學 : 배울 학) : 15세.
- 笄年(笄 : 비녀 계) : 15살짜리 여자.
- 弱冠(弱 : 젊을 약, 冠 : 갓 쓸 관) : 남자가 스무 살에 관례를 행하는 일. 남자 나이 20세. 갓을 쓰는 어른이 되었지만 아직은 약하다는 뜻.
- 加冠(加 : 입을 가, 쓸 가) : 관례를 행하고 관을 씀. 남자 나이 20세.
- 芳年(芳 : 꽃다울 방) · 妙齡(妙 : 젊을 묘, 齡 : 나이 령) : 꽃다운 20세 전후의 여성.
- 而立(而 : 말이을 이, 立 : 설 립) : 30세.
- 壯年(壯 : 왕성할 장) : 혈기가 왕성한 30-40세 나이(= 壯齡, 壯齒).
- 不惑(不 : 아니 불, 惑 : 미혹할 혹) : 40세.
- 知命 또는 知天命(知 : 알 지, 天 : 하늘 천, 命 : 목숨 명) : 50세.

- 艾年(艾 : 늙은이 애) : 50세.
- 耳順(耳 : 귀 이, 順 : 좇을 순) : 60세.
- 從心(從 : 좇을 종, 心 : 마음 심) : 70세.
- 古稀(古 : 옛 고, 稀 : 드물 희) : 70세.

※ 고희는 두보(杜甫)가 지은 곡강시(曲江詩)의 한 구절 '人生七十古來稀(나이 칠십은 예부터 흔치 않았다)'에서 나온 말이다.

- 望八(望 : 바랄 망, 八 : 여덟 팔) : 80을 바라본다는 뜻으로 71세를 가리킴.
- 望九 : 81세. 90을 바라본다는 의미.
- 望百 : 91세. 100세를 바라본다는 의미.

※ ③, ⑧, ⑩, ⑪, ⑬, ⑭는 논어의 글귀 중에 나오는 말이다.
吾十有五而志于學, 三十而立, 四十而不惑, 五十而知天命, 六十而耳順, 七十而從心所欲不踰矩
("내가 열다섯에 배움에 뜻을 두고, 서른에 뜻을 세우고, 마흔에는 (모든 일에) 미혹되지 아니하고, 쉰에는 천명을 알고, 예순에는 (모든 일을) 들어도 귀에 거슬림이 없게 되고, 일흔에는 마음에 하고자 하는 것을 좇아 해도 법규에 어긋나지 아니하였다.")

## 2) 단자 쓰기

단자(單子)는 본래 경사(慶事)나 애사(哀事) 때, 또는 남에게 보내는 물목을 적은 종이를 가리키는 말이었다. 그러던 것이 최근에는 백일, 돌, 결혼, 환갑, 출국, 병문안, 조문 등을 할 때 성의를 표하기 위해 편지 겉봉투에 사용하는 용어로 많이 쓰인다. 우리는 사회생활을 해 나가는 동안 많은 애・경사를 접하게 되므로 단자를 잘 알고 정확히 사용하는 것이 매우 중요하다.

단자 쓸 때는 다음을 염두에 두어야 한다.

- 겉 단자를 쓸 때는 깨끗한 편지 봉투에 직접 손으로 쓰는 것이 좋다. 그리고 속 단자를 쓸 때는 한지에 쓰는 것이 원칙이나 요즘은 깨끗한 백지에 쓰는 것도 괜찮다.
- 글씨는 되도록 붓글씨로 쓰는 것이 좋다.
- 글씨는 해서체로 정중하게 써야 한다.
- 속 단자를 쓴 종이는 3절반으로 접어서 겉 단자를 쓴 봉투 속에 넣는 것이 좋다. 요즘은 격식이 무시되다 보니 겉봉투만 사용하는 경우가 많은데 이는 원래 예의에 어

긋난다.

- 겉봉투는 풀로 붙이지 않는 것이 좋다.

### (1) 생일을 축하하는 단자 쓰기

생일축하는 우리에게 매우 중요한 행사 중의 하나이다. 그런데 최근 들어 청소년층을 중심으로 서양 방식만을 모방하려는 경향이 강하게 나타나면서 생일에 대한 우리의 고유 용어 사용이 점차 사라져 가는 추세에 있다. 그 중의 하나가 '생신(生辰)'이라는 말이다. '생신'은 생일을 높임말이다. 그러므로 어른들의 생일을 가리킬 때는 당연히 '생신'이라고 해야 하고 그 때 행하는 잔치는 '생신잔치'여야 한다. 하지만 최근에 보면 어른이나 아이 생일을 가리킬 때 그냥 '생일잔치'라고 말하는데 이는 잘못된 것이다.

- 晬宴(晬 : 돌 수. 宴 : 잔치 연) : 돌을 축하할 때 쓴다.
- 華甲(華 : 빛날 화, 甲 : 첫째 천간 갑) : 61세 생일. '華'자를 분석해보면, '十'이 여섯 개에다 '一'이 하나 있으므로 61세를 나타낸다.
- 回甲(回 : 돌아올 회) · 還甲(還 : 돌아올 환) · 壽宴(壽 : 목숨 수, 宴 : 잔치 연) · 壽筵(筵 : 자리 연) 등도 61세 생일을 가리키는 한자어이다.
- 進甲(進 : 나아갈 진) : 62세 생일.
- 古稀 : 70세의 생일. 七旬(旬 : 열 순)
- 喜壽(喜 : 기쁠 희) : 77세 생일. '喜'자를 초서(草書)체로 쓰면 '㐂' 七十七이 된다. 77세까지 산다는 것은 아주 큰 기쁨이었던 것이므로 '희수'라고 한다.
- 傘壽(傘 : 우산 산) : 80세 생일. '傘'자에는 '八'과 '十'이 들어 있으므로 80세 생일을 '산수'라고 한다. 八旬
- 米壽(米 : 쌀 미) : 88세 생일. '米'자를 파자(破字)하면 '八十八'이 된다.
- 卒壽(卒 : 군사 졸) : 90세 생일. '卒'자를 초서체로 쓰면 '卆', 즉 '九十'이 된다. 九旬
- 白壽(白 : 흰 백) : 99세 생일. '百'자에서 위의 '一'을 빼면 '白'이 된다. 즉, '百(100)'에서 1을 빼면 99가 되므로 이렇게 말한다.
- 上壽(上 : 윗 상) : 100세 생일.
- 皇壽(皇 : 임금 황) : 111세 생일. 황제의 수명 또는 나이를 가리킴.
- 天壽 : 120세 생일.

## ◎ 겉 단자 쓰기의 예

| 앞면 | | 뒷면 |

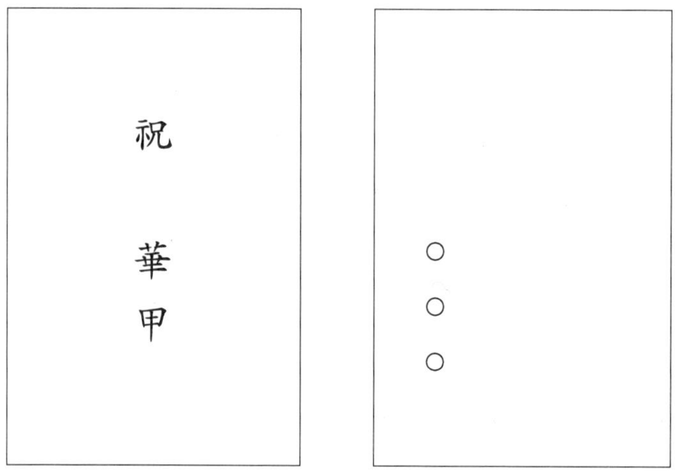


단자 내려쓰기 예

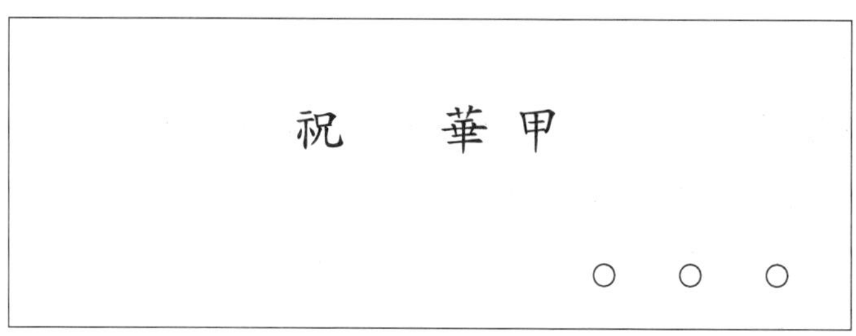


단자 옆으로 쓰기 예

## ◎ 속 단자 쓰기의 예

祝華甲

金 ○○○○圓

年 月 日

○○○謹呈

화갑을 진심으로

축하합드립니다

금 ○○○○원

년 월 일

○○○근정

이 외에 생일을 가리키는 말로 壽宴(壽 : 목숨 수, 宴 : 잔치 연)·壽筵(筵 : 자리 연) 등도 쓰인다. 하지만 壽宴과 壽筵은 엄밀하게 말하면 그 쓰임이 다른 한자어이다. 壽宴은 장수를 축하하는 '잔치'에 해당하는 말이고, 壽筵은 잔치를 베푼다는 뜻 없이 '자리'에 해당하는 말이기 때문이다.

**연습 1** 아래 나이에 해당하는 단자를 직접 편지봉투를 써 보시오.

환갑, 70세 생신, 80세 생신, 90세 생신, 100세 생신

**연습 2** 논어에 나오는 나이를 나타내는 한자를 모두 써 보시오.

### (2) 결혼을 축하하는 단자 쓰기

결혼은 일생을 통해서 가장 중요한 통과의례(通過儀禮) 중의 하나이다. 그런 만큼 많은 사람들이 인생을 새롭게 출발하는 신혼부부를 축하해주기 마련이다. 이때 축의금을 가지고 가는 것이 일반적인데, 여기서도 단자는 꼭 필요하다.

전통적인 결혼은 대개 해가 서쪽으로 기울고 땅거미가 오르기 시작하는 음과 양이 조화를 이루는 저녁 때 거행했다. '婚姻(婚 : 장가들 혼, 姻 : 시집갈 인)'의 '婚'자가 여자(女)가 저녁 때(昏 : 저물 혼) 결혼하는 것을, '姻'자가 여자(女) 집에서 남자가 이불을 펴고 대자(大로) 누워 있는 것을 의미하는 것에서도 이를 알 수 있다.

- 祝 結婚(祝 : 빌 축, 結 : 맺을 결, 婚 : 혼인할 혼) : 결혼을 축하합니다.
- 祝 華婚(華 : 빛날 화) : 빛나는 결혼을 축하합니다.
- 賀儀 (賀 : 하례할 하, 儀 : 꼴 의) : 결혼식을 축하합니다.
- 祝 聖典(聖 : 성스러울 성, 典 : 법 전) : 성스러운 결혼식을 축하합니다.
- 祝 聖婚 : 성스러운 결혼을 축하합니다.
- 祝 華燭盛典(燭 : 촛불 촉, 盛 : 성할 성) : 화촉을 밝힌 성대한 자리를 축하합니다.
- 醮儀(醮 : 술 따를 초) : 결혼식을 치르는 의식에 예를 표합니다.

## ◎ 겉 단자 쓰기의 예

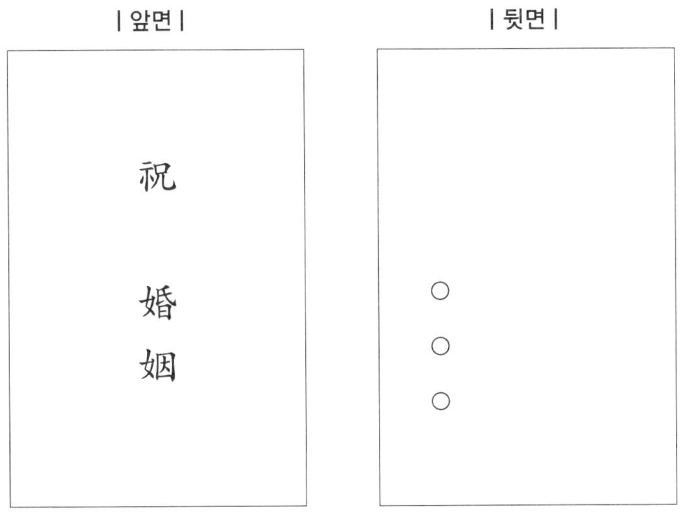


단자 내려쓰기 예

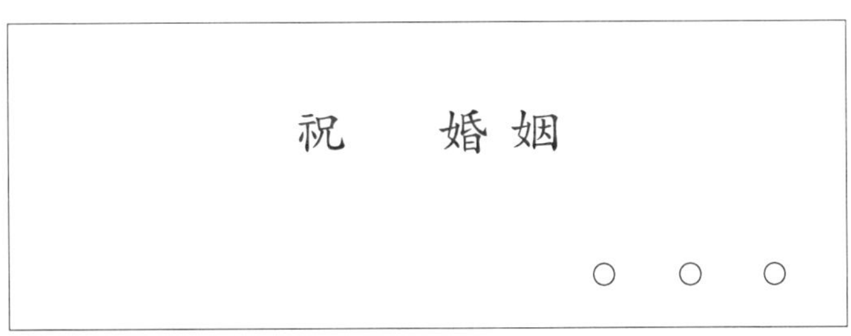


단자 옆으로 쓰기 예

## ◎ 속 단자 쓰기의 예

祝 華燭盛典

金 ○○○○圓

年 月 日

○○○謹呈

---

결혼을 진심으로

축하합니다

금 ○○○○원

年 月 日

○○○근정

---

### ◎ 잘못된 단자 쓰기

최근 결혼 축하 단자를 쓸 때, '祝 結婚'은 아들이 결혼하는 경우, '祝 華婚'은 딸이 결혼하는 경우에 사용하는 것으로 믿는 사람이 많은데, 이는 전혀 근거 없는 것이다. '祝 結婚'은 일본 사람들이 많이 사용하고, '祝 華婚'은 중국 사람들이 많이 사용하는 경우는 있으나, 우리나라에서는 구분 없이 다 쓰인다. 우리나라에서 전통적으로 많이 쓰이는 것은 '祝 婚姻'이다.

✎ <u>연습 3</u> 결혼을 축하하는 단자 중 하나를 선택하여 속 단자와 함께 직접 봉투에 써 보시오.

### (3) 문상(問喪)할 때의 단자 쓰기

죽음은 사람이 겪는 마지막 통과의례이다. 그것도 산 사람이 죽은 사람을 위해 행하는 마지막 의식인 것이다. 조상에 대한 예우가 남달랐던 우리 민족은 그래서 예로부터 죽음에 대해 경외(敬畏)하는 마음을 가지고 이를 엄숙히 지켜 왔다. 사람이 죽으면 여러 일 제쳐놓고 문상을 가는 풍습에서 이런 마음을 읽을 수 있다.

전통적인 문상의 예를 보면 아버지, 어머니. 할아버지, 할머니, 형제, 남편, 아내, 자식이 상을 당했을 때 위문하는 말이 달랐다. 아버지 상을 당한 사람에게는 "大故(대고) 말씀 무어라 여쭈오리까?"라고 말했고, 어머니 상을 당한 사람에게는 "喪事(상사) 말씀 무어라 여쭈오리까?"라고 말해 왔다. 남편 상을 당한 사람에게는 "天崩之痛(천붕지통)이 오죽하시겠습니까?"라고 말했고, 아내 상을 당한 사람에게는 "叩盆之痛(고분지통)이 오죽하시겠습니까?"라고 말해 왔다. 형제 상을 당한 사람에게는 "割半之痛(할반지통)이 오죽하시겠습니까?"라고 말했고, 자식 상을 당한 사람에게는 "慘慽(참척)을 당하시어 얼마나 마음이 아프시겠습니까?"라고 말해 왔다.

하지만 최근에는 이와 같이 여러 가지로 나누어서 말하는 방식을 사용하지 않고 있다. 다만 부모의 상을 당했을 경우 "얼마나 罔極(망극)하십니까?"라고 쓸 수는 있으나 부모상을 일찍 당한 사람이나, 나이 어린 사람이 쓰기에는 어색한 표현이다. 그러므로 문상에서는 아무 말도 하지 않는 것이 좋다. 아무 말도 하지 않는 것이 오히려 더욱 마음에서 우러나는 조의를 표하는 예가 될 수 있어서다. 또 상을 당한 사람에게는 그 어떤 말로도 위로가 되지 못하기 때문이다. 굳이 말을 한다면 "얼마나 슬프십니까?", "뭐라 드릴 말씀이 없습니다", "삼가 조의를 표합니다"라는 표현을 쓰되, 이에 덧붙이는 말이 있다면 끝을 흐리는 것이 좋다. 이렇게 하는 이유는 문상하는 사람 역시 상을 당한 사람만큼 슬퍼서 제대로 말을 이을 수 없다는 것을 보여주기 위한 배려이다.

이 점은 문상을 받는 상제도 마찬가지다. 상제는 죄인이므로 아무 말을 하지 않는 것이 좋다. 굳이 말을 한다면 "고맙습니다", "드릴 말씀이 없습니다"로 문상 와준 사람에게 예의를 표하면 된다.

문상하는 사람들은 예로부터 여러 가지 물품을 가지고 가서 예를 표했다. 이때 쓰는 조의금 문구로는 '賻儀'가 가장 일반적인 표현이다.

- **謹弔(謹 : 삼갈 근, 弔 : 조상할 조)** : 삼가 조상합니다.
- **賻儀(賻 : 부의 부, 儀 : 꼴 의)** : 물건을 드려 제사에 예를 표함.

- **弔儀** : 상을 당하심에 예를 표합니다.
- **奠儀(奠** : 제사지낼 전) : 영전 앞에 제물을 드려 예를 표함.
- **哀悼(哀** : 슬플 애, **悼** : 슬퍼할 도) : 죽음을 슬퍼함.
- **哀痛(痛** : 아플 통) : 몹시 슬퍼함.
- **哀慟(慟** : 서럽게 울 통) : 큰 소리로 울면서 서러워 함.

## ◎ 겉 단자 쓰기의 예

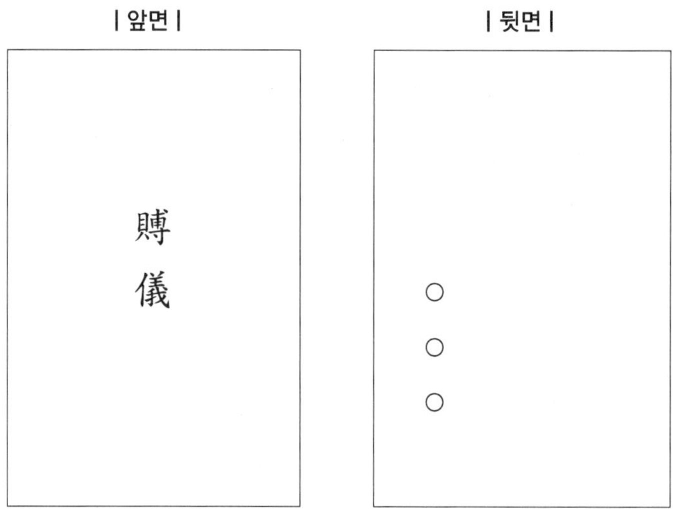


단자 내려쓰기 예

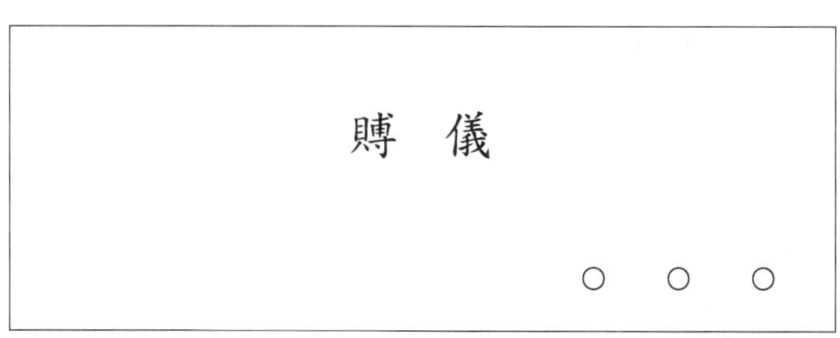


단자 옆으로 쓰기 예

## ◎ 속 단자 쓰기의 예

賻儀

金 ○○○○圓

年 月 日

○○○ 謹呈

삼가 조의를 표합니다

금 ○○○○원

년 월 일

○○○ 근정

✐ 연습 4 문상할 때 쓰는 단자를 직접 봉투에 써 보시오.

### (4) 개업(開業)을 축하하는 단자 쓰기

산업의 발달로 영업점을 개점하는 사람들이 늘어나고 있다. 이때도 역시 개점을 축하하는 단자가 필요하다.

- 祝 開業(開 : 열 개, 業 : 업 업) : 개업을 축하합니다.
- 祝 發展(發 : 열 발, 展 : 펼 전) : 크게 일어나길 기원합니다.
- 祝 盛業 : 사업이 잘 되길 기원합니다.

## ◎ 겉 단자 쓰기의 예

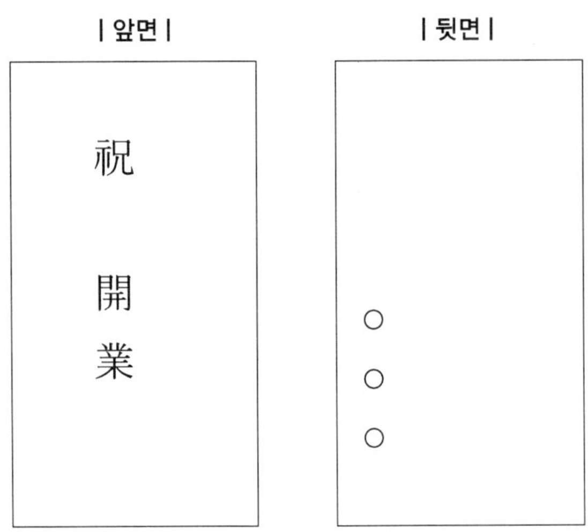


단자 내려쓰기 예

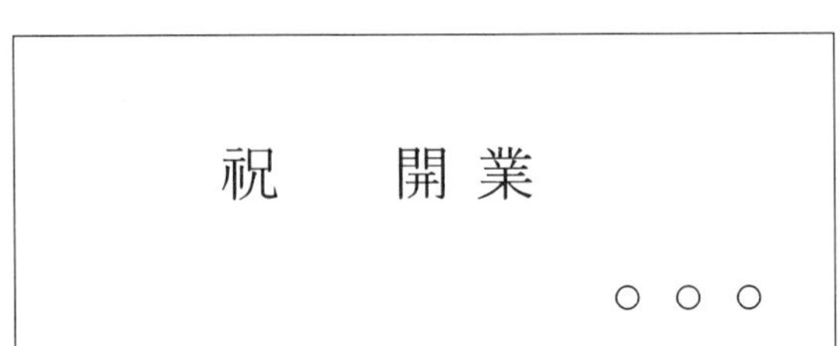


단자 옆으로 쓰기 예

## ◎ 속 단자 쓰기의 예

祝開業

金 ○○○○ 圓

年 月 日

○○○ 謹呈

개업을 진심으로 축하합니다

금 ○○○○ 원

년 월 일

○○○ 근정

### 3) 각종 호칭

#### (1) 편지 봉투나 저서, 논문 기증할 때의 호칭

최근 들어 컴퓨터의 보급, 휴대전화, 팩스 등으로 편지를 쓰는 경우가 현저히 줄어들고 있는 추세에 있다. 하지만 아직도 정중한 부탁을 할 때나 각종 모임, 회의, 안내, 선거 등에서는 여전히 편지가 중요한 역할을 하고 있다. 그럼에도 불구하고 편지를 쓰지 않는 세대가 늘다 보니 편지 겉봉투 하나 제대로 쓰는 사람이 많지 않음은 문제가 아닐 수 없다. 특히 이름 밑에 붙이는 호칭의 경우 그 문제가 더욱 심각하다. 편지 봉투에 쓰인 호칭은 사람의 얼굴과 같다. 그래서 아무리 좋은 내용으로 편지를 썼다 하더라도 호칭을 잘못 사용하게 되면 바라던 성과를 기대할 수 없게 된다. 이름 밑에 사용하는 호칭의 경우는 다음과 같다.

- 氏(씨) : 나이나 지위가 비슷한 사람에게 존경의 의미로 쓴다.
- 貴下(귀하) : 가장 일반적인 존칭으로 대개 남자에게 쓴다.
- 貴中(귀중) : 개인이 아닌 단체나 회사에 보낼 때 쓴다.
- 女史(여사) : 가장 일반적인 존칭으로 여자에게 쓴다.
- 兄, 大兄, 學兄(형, 대형, 학형) : 지위나 나이가 비슷한 사람 중 친한 사람을 높여 부를 때 쓴다.
- 君(군) : 나이가 같거나 아래 사람 중 남자에게 쓴다.
- 孃(양) : 나이가 같거나 아래 사람 중 처녀에게만 쓴다.
- 前(전) : 아래 사람에게 쓴다.
- 座下(좌하) : 부모나 선생님 같이 마땅히 존경받을 사람에게 쓴다.
- 閣下(각하) : 높은 사람에 대한 경칭으로 쓴다.
- 畵伯(화백) : 화가에 대한 존경의 의미로 쓴다.
- 雅仁(아인) : 문학하는 친구에게 존경의 의미로 쓴다.

최근 들어 사람 이름 뒤어 '-님'자를 붙여 사용하는 경향이 많아졌다. 하지만 '-님'자는 지위나 직함, 학위 등에 쓰는다. 敎授님, 博士님, 社長님, 會長님, 委員長님 등이 그러한 예이다.

이 밖에 논문이나 저서, 작품을 다른 사람에게 기증할 때 사용하는 한자로 惠存(혜존), 惠鑑(혜감), 下鑑(하감) 등이 있다.

- 惠存 : '받아 간직해 주세요'라는 뜻으로 대개 자기 작품을 남에게 기증할 때 많이 쓴다.
- 惠鑑 : 혜존과 같은 뜻으로 쓰인다.
- 下鑑 : '보잘것없는 내용을 보아 주십시오'라는 뜻으로 높은 사람에게 자기 저서나 작품, 논문 등을 드릴 때 쓴다.

## (2) 호칭법(呼稱法)

| 對象 | 남에게 말할 때 | | 남이 일컬을 때 | |
|---|---|---|---|---|
| | 生存時 | 死後 | 生存時 | 死後 |
| 父 | 父親, 家親<br>嚴親, 아버지 | 先親, 先考, 先人 | 어르신네,<br>椿府丈(春府丈) | 先大人, 先考丈 |
| 母 | 母親, 慈母<br>萱堂, 어머니 | 先妣, 老親 | 大夫人, 慈堂, 慈親 | 先大夫人, 先慈堂 |
| 祖父 | 祖父, 할아버지 | 祖考, 王考<br>先祖考, 先王考 | 祖父丈, 王大人 | 王考丈, 先王尊丈<br>先王大人 |
| 祖母 | 祖母, 할머니 | 祖妣, 先祖妣 | 祖母님, 王大夫人 | 先祖母님,<br>先王大夫人 |
| 伯父<br>仲父<br>叔父<br>季父 | 伯父<br>仲父<br>叔父<br>季父<br>아저씨 | 先伯父<br>先仲父<br>先叔父<br>先季父 | 伯父丈<br>仲父丈<br>叔父丈<br>季父丈 | 先伯父丈<br>先仲父丈<br>先叔父丈<br>先季父丈 |
| 伯母<br>叔母 | 伯母<br>叔母<br>아주머니 | 先伯母<br>先叔母 | 尊伯母<br>尊叔母 | 先伯母夫人<br>先叔母夫人 |
| 兄 | 舍伯, 家伯, 舍兄<br>家兄, 舍仲, 家仲<br>형님 | 先伯, 先伯兄,<br>先仲, 先仲兄 | 伯氏丈, 仲氏丈 | 先伯氏丈<br>先仲氏丈 |
| 弟 | 아우, 동생 | 亡仲弟, 亡叔弟<br>亡季弟, 亡弟 | 季氏, 令弟氏, 賢弟氏<br>令季氏 | 先季氏, 先弟氏 |

| 對象 | 남에게 말할 때 | | 남이 일컬을 때 | |
|---|---|---|---|---|
| | 生存時 | 死後 | 生存時 | 死後 |
| 姉 | 姉氏, 누이 | 姉氏 | 令姉氏 | 故令姉氏 |
| 妹 | 妹弟, 舍妹 | 妹弟, 舍妹 | 令妹氏 | 故令妹氏 |
| 夫 | 바깥양반,<br>사랑양반, 家父 | 亡夫 | 바깥어른, 賢君 | 先令君子 |
| 妻 | 家人, 室人,<br>안사람 | 亡妻, 亡室 | 令夫人 | 故令夫人, 故賢閤 |
| 子 | 家兒, 豚兒,<br>집아이 | 亡子 | 令胤, 賢胤, 胤玉,<br>胤君, 아드님 | |

| 女 | 女息, 딸아이 | | 令愛, 따님 | |
|---|---|---|---|---|
| 丈人 | 丈人 | 丈人 | 聘丈 | 聘丈 |
| 丈母 | 丈母 | 丈母 | 聘母 | 聘母 |
| 嫂 | 兄嫂氏, 弟嫂氏<br>季嫂氏, 아주머니 | 兄嫂氏, 弟嫂氏<br>季嫂氏, 아주머니 | 令兄嫂氏, 令弟嫂氏 | 故兄嫂氏<br>故弟嫂氏 |
| 姪 | 家姪, 조카 | 家姪, 조카 | 令姪, 咸氏 | 令姪, 咸氏 |
| 從祖父 | 從祖 | 先從祖 | 從祖丈 | 先從祖丈 |
| 從祖母 | 從祖母 | 先從祖母 | 從祖母 | 先從祖母 |
| 從叔 | 堂叔, 從叔 | 先堂叔, 先從叔 | 堂叔丈, 先阮丈 | 先堂叔丈,<br>先從叔丈 |
| 從兄 | 從兄, 從伯 | 先從兄, 先從伯 | 從氏丈, 從伯氏丈 | 先從氏丈,<br>先從伯氏丈 |
| 從弟 | 從弟, 堂弟 | 亡從弟 | 從季氏 | 故從季氏 |
| 姑母 | 姑母 | 姑母 | 姑母님 | 姑母님 |
| 姑母夫 | 姑母夫 | 姑母夫 | 姑母夫님 | 姑母夫님 |
| 內從兄弟<br>(姑從) | 內從兄·弟<br>姑從兄·弟 | 內從兄·弟<br>姑從兄·弟 | 內從氏 | 內從氏 |
| 姨母 | 姨母 | 姨母 | 姨母님 | 姨母님 |
| 姨母夫 | 姨母夫 | 姨母夫 | 姨母夫님 | 姨母夫님 |
| 姨從兄弟 | 姨從氏, 姨從 | 姨從氏, 姨從 | 姨從氏, 姨從 | 姨從氏, 姨從 |

## 2. 고사성어(故事成語)의 이해와 활용

### 1) 고사성어의 이해

우리가 사용하고 있는 한자 중에서 가장 활용도가 높은 것은 역시 고사성어라 할 수 있다. 고사성어는 오랜 세월을 통해 만들어졌으므로 거기에는 신화 · 전설 · 역사 · 고전 · 시가작품 등을 통해 나온 다양한 말들이 포함되어 있다. 그리하여 고사성어에는 선인들의 삶의 지혜와 정서, 해학과 풍자, 비판과 경계 등이 이루 헤아릴 수 없을 만큼 저장되어 있다. 따라서 교훈·경구·비유·상징 등으로 쓰임은 물론 관용구나 속담으로도 폭넓게 쓰여, 교양과 표현을 풍부하고 알차게 해준다. 그러므로 그 유래를 정확히 알고 써야 그것이 가지는 진정한 의미를 올바로 전달할 수 있다.

우리나라와 중국에서 만들어진 고사성어는 <금상첨화(錦上添花)>처럼 4자 성어가 대부분이지만, 일상적인 단어로 널리 쓰이는 <건달(乾達)>이나 막역한 친구사이를 가리키는 <지음(知音)>, 사물의 시초나 근원을 나타내는 <남상(濫觴)> 등과 같은 2자로 된 성어도 여기에 포함된다. 또 자주 쓰이는 <등용문(登龍門)>, <철면피(鐵面皮)> 등과 같은 3자 성어도 있으며, <사후약방문(死後藥方文)> 같은 5자도 있는가 하면, <백문이불여일견(百聞而不如一見)>과 <독서백편의자현(讀書百遍義自見)>의 7자, <기소불욕 물시어인(己所不欲 勿施於人)>의 8자, <빙동삼척 비일일지한(氷凍三尺 非一日之寒)>의 9자는 물론, 10자, 11자, 12자로 된 성구도 있다.

우리나라에서 만들어진 고사성어 중에는 역시 4자로 된 것이 가장 많다. 그 출처는 『삼국사기(三國史記)』, 『삼국유사(三國遺事)』 등의 역사서, 『심청전(沈晴傳)』, 『춘향전(春香傳)』, 『흥부전(興夫傳)』 등과 같은 고전소설, 홍만종의 『순오지(旬五志)』와 같은 문학평론집 등이다. 특히 『순오지』에는 1,300여 편의 속담이 한자로 번역되어 있는데, 여기에서 많은 고사성어가 나왔다. 이 중 우리가 자주 쓰는 말은 <계란유골(鷄卵有骨)>, <적반하장(賊反荷杖)>, <초록동색(草綠同色)>, <함흥차사(咸興差使)> 등이다. 우리가 속담처럼 흔히 쓰는 '열 번 찍어 안 넘어가는 나무 없다(十伐之木).', '콩 심은데 콩 나고 팥 심은 데 팥 난다(種瓜得瓜 種豆得豆).', '세 살 버릇 여든까지 간다(三歲之習 至于八十).' 등과 같은 말도 모두 한자로 된 성어에서 나온 말이다. 또 '스승보다 낫다'는 뜻의 중국 고사성어 <청출어람(靑出於藍)>을, 우리나라에서는 나중 난 뿔이 우뚝하다는 <후생각고(後生角高)>로 표현하여 흥미롭다.

우리나라에서 쓰이는 중국 고사성어는 270가지 정도이다. 이 성어들은 중국의 역사와 인물, 고전과 시가(詩歌) 등에서 나온 말이 대부분이며, 그 전거만 해도 70여 종 남짓한 문헌과 200여 명에 이르는 인물이 관련되어 있다. <구사일생(九死一生)>, <금의환향(錦衣還鄕)>, <오합지졸(烏合之卒)>, <와신상담(臥薪嘗膽)>, <임기응변(臨機應變>, <조강지처(糟糠之妻)>, <촌철살인(寸鐵殺人)>, <퇴고(推敲)> 등 자주 쓰는 고사성어도 중국의 역사와 인물을 통에서 나온 성어들이다. 특히, <금의야행(錦衣夜行)>, <두주불사(斗酒不辭)>,

<건곤일척(乾坤一擲)>, <양호유환(養虎遺患)>, <사면초가(四面楚歌)>, <역발산기개세(力拔山氣蓋世)>, <발산거정(拔山擧鼎)>, <권토중래(捲土重來)> 등은 모두 항우와 유방과의 관계에서 비롯된 성어들이다. 또 <만수무강(萬壽無疆)>, <전전긍긍(戰戰兢兢)>, <절차탁마(切磋琢磨)>, <타산지석(他山之石)> 등은 『시경(詩經)』에서 나온 것이며, <과유불급(過猶不及)>, <문일지십(聞一知十)>, <불혹(不惑)>, <살신성인(殺身成仁)>, <온고지신(溫故知新)>, <요산요수(樂山樂水)>, <일이관지(一以貫之)> 등은 『논어』에서 나온 고사성어이고, <단기지교(斷機之敎)>, <대장부(大丈夫)>, <불초(不肖)>, <자포자기(自暴自棄)> 등은 『맹자』에서 나온 것이며, <홍일점(紅一點)>, <환골탈태(換骨奪胎)> 등은 시가에서 나온 성어들이다. 이밖에 <격화소양(隔靴搔癢)>, <군맹무상(群盲撫象)> 등과 같이 불교에서 나온 고사성어도 있다.

한편 고사성어는 그 본래의 의미와는 달리 잘못 전해져 쓰이는 것도 있다. 풍요의 계절을 나타내는 <천고마비(天高馬肥)>는 본래 중국 북방 사람들을 끊임없이 괴롭히던 흉노에 대한 공포에서 나온 것인데, 이것을 후대 사람들이 가을을 의미하는 고사성어로 사용하고 있다. 또 어릴적 절친한 친구를 뜻하는 <죽마고우(竹馬故友)>의 경우 그 본래의 뜻은 오히려 친구를 배신하는 내용을 담고 있는데, 이 역시 후대 사람들이 우정을 나타내는 것으로 사용하고 있는 것이다. '암탉이 울면 집안이 망한다'는 뜻의 <빈계지신(牝鷄之晨)>의 경우도 본래는 은나라 주왕의 독부 달기를 치기 위해 무왕이 한 말인데, 후대 사람들이 여자들을 옥죄는 말로 사용하고 있다.

## 2) 고사성어의 활용

고사성어는 우리나라의 속담과 마찬가지로 간결하고도 비유적인 표현을 주로 사용하고 있다. 그러므로 교훈적이고 경구적인 의미를 전달해줄 뿐만 아니라 글의 객관성이나 신뢰성을 유지하는 데도 상당한 도움을 준다. 따라서 이 고사성어를 잘 활용하면 글의 첫머리나 마무리를 쓸 때 매우 유용하다.

### 1 첫머리 쓰기

#### (1) 시사적인 내용이나 관련 있는 일을 언급하며 시작하는 경우

요즘 문제시되고 있는 시사적인 내용이나 자신이 내세울 주장과 관련 있는 일을 언급하며 시작하는 방법이다. 요즘 들어 이러한 방법으로 글을 시작하는 경우를 많이 볼 수 있다. 대부분의 사람들이 알고 있는 내용이므로 관심을 불러일으킬 수 있으며, 구체적인 상황의 진술이기에 극적인 흥미를 얻을 수 있고, 나아가 경각심을 일깨우는 데도 효과적이다.

> 바야흐로 세계는 빈계지신(牝鷄之晨)의 시대. 올 들어 여성의 진출이 두드러지고 있다는 얘기다. 스웨덴은 남녀각료가 각각 반반을 이루는 등 빈계지신의 사례는 넘쳐난다. 미국에서는 여성(올브라이트)이 국무장관을 하고 있는 지 오래다. 그런데도 어디에도 망할 조짐은 보이지 않는다.
>
> 〈동아일보〉(1997. 10. 1)

'암탉이 울면 집안이 망한다'는 <빈계지신>을 예로 들어 여성의 사회 진출을 절묘하게 표현하고 있다. 이처럼 고사성어를 이용하여 시사적인 내용을 표현하는 경우, 많은 사람들에게 공감과 신뢰를 얻을 수 있어서 매우 효과적이다.

### (2) 사건이나 일화를 이야기하며 시작하는 경우

글의 내용과 관련된 사건을 먼저 보여주면서 시작하는 방법이다. 사건이나 일화는 제시된 주제로 자연스럽게 넘어가는 도입문의 역할을 할 수 있는 것이어야 한다. 이러한 방법은 읽는 사람에게 강렬한 인상을 줄 수 있으나 제시된 사건이나 일화가 논지의 강화에 도움을 주지 못하거나 객관화에 실패할 경우 사적인 신변담이 될 수도 있다. 그러므로 어조나 문체에 각별히 유의해야 한다. 그리고 무엇보다도 중요한 점은 적합하고도 참신한 예를 제시하는 것 또한 잊어서는 안 된다는 것이다.

항우와 유방의 싸움을 그린 『초한지』에 보면, 한나라 군사가 초군의 항우를 사면에서 포위하고 북과 꽹과리를 치면서 초나라 노래를 불렀다는 구절이 나온다. 요즈음에도 매우 위급한 상황에 놓인 경우를 일컬어 '사면초가(四面楚歌)에 놓여 있다'는 표현을 쓴다. 우리 주위의 여건을 둘러보면, 국제적으로는 정보 통신 혁명의 급격한 진전, 선진국의 기술 이전 기피, EU의 보호 무역 장벽, 일본의 핵심 부품 공급 조절, 국제화 조류에 따른 내수 시장 개방 압력, 동남아 후발국의 맹렬한 추격 등으로 국제 경쟁력이 급격히 약화되고 있으며, 국내적으로는 임금 인상, 노동 의욕의 감소, 과소비 풍조 확산 등 모두 열 가지 이유 때문에 심각한 위기를 맞고 있다. 이러한 주변 여건을 둘러 볼 때, 오늘의 우리

산업은 사면초가에 놓여 있다고 할 수 있다.

'사면초가'라는 말을 서두로 삼아 '우리 경제가 놓인 어려운 상황'에 대해 글을 쓴 경우이다. 이렇게 일화 혹은 삽화에 대해 언급하면서 글의 서두를 꺼내는 방식은 독자와의 친근감을 불러일으킬 수 있다는 점에서 매우 효과적이다.

### (3) 문제를 제기하며 시작하는 경우

일반화된 견해나 다른 사람의 말, 글에 대해 문제를 제기하거나 어떤 현상 중에 다시 생각해보거나 반성해야 할 점이 있는 경우, 그것이 무엇인지를 제시하면서 시작하는 방법이다. 제기된 견해나 말, 글이 과연 합당한 것인가라는 질문에서 출발하여 우리가 종합적으로 생각할 내용이나, 더 근원적인 문제를 불러내어 다시 한 번 진정한 뜻을 주장하는 글에 합당한 방법이다. 이 방법은 자신의 글 쓰기 의도나 과정을 노골적으로 드러내지 않고 앞으로 전개할 논지에 대해 간접적이지만 강하게 표출하는 방식에 유용하다.

> 직장곡로(直壯曲老)라는 고사성어가 있다. '곧은 것은 싱싱하고 굽은 것은 시든다'는 뜻이다. 마음이 곧은 사람, 즉 정직한 사람은 항상 태평스럽게 이 세상을 살아간다. 정정당당하기 때문이다. 어느 곳, 어느 경우, 어느 누구에게도 꿀릴 일이 없다. 그래서 늘 즐겁고 싱싱해 보이는 것이다. 이와는 반대로 마음이 곧지 못하고 언제나 자기 이익만을 좇아 정신을 바르지 못하게 쓰는 사람은 항상 켕기는 것이 있어 어디를 가나 남의 눈치를 살피게 되고 풀이 죽어 보인다. 겉으로 큰소리 친다 하더라도 메아리는 공허하게 들릴 수밖에 없다. '정직이 최상의 정책'이라는 영국의 속담도 있지만 뭐니뭐니 해도 세상살이에는 정직이 가장 좋은 방편이다. 우선 속이 편해서 좋고 거기에다 남한테 존경도 받을 수 있으니 수지 맞는 일인 것이다.
>
> (최근덕, 『고사성어 백과사전』)

### (4) 숙어를 풀면서 시작하는 경우

숙어를 풀면서 시작하는 경우 구체적인 근거를 제시할 수 있다는 점에서 공감을 얻을 수 있다. 즉, 주제와 유사한 역사적 사실을 예로 제시함으로써 독자에게 신빙성을 줄뿐만 아니라 비교에서 오는 효과 또한 기대할 수 있어서 좋다는 것이다.

> 중국 춘추시대에 월(越)나라의 침공을 감당할 수 없었던 오(吳)나라 임금은 월나라에 사죄를 하고 항복할 뜻을 비췄다. 이에 월나라 대부인 종(種)은 항복을 받아들이지

말고 싹 쓸어버릴 것을 강경하게 주장하였다. 이 소식을 들은 오나라의 한 대신이 대부 종에게 밀사를 보내어 다음과 같은 편지를 띄우고 있다. '하늘 높이 나는 새를 잡으면 활은 쓸모가 없기에 버려두고, 교활한 토끼를 사냥하고 나면 좋은 사냥개는 쓸모가 없어져 잡아먹듯이(兎死狗烹) 오나라가 망하면 대부께서는 쓸모가 없어져 버림을 받게 될 것이 뻔한 일인데, 왜 굳이 오나라를 멸망시켜 스스로의 목숨을 죄려 드는 것입니까'했다. 이 편지를 보고 종은 병이 났다는 핑계를 대고 출사를 하지 않았으며, 주변에서는 반란을 음모하고 있다고 모략하는 이도 있었다. 이에 월나라 왕은 종에게 칼을 내렸고, 종은 그 칼로 배를 갈라 죽고 있다 『한비자(韓非子)』의 내저설편(內儲說篇)에 나오는 고사이다.

곧 적국이 망하면 공이 있는 모신(謀臣)은 쓸모없다 하여 버림받듯이, 쓸모가 있을 때는 아쉽게 쓰고는 다 쓰고 나면 헌신짝처럼 버린다는 인생무상을 빗대어 토사구팽이라 한다. 이 인생무상은 너무나 흔하고 잦은 일이었던지 『사기(史記)』, 『삼략(三略)』, 『문자(文子)』, 『논형(論衡)』, 『회남자(淮南子)』 등의 문헌에 자주 이용되고 있다. 내일모레 다가오는 한식(寒食)도 바로 이 토사구팽의 원한에서 비롯되고 있다. 옛날 문공(文公)이 임금자리에서 쫓겨나 19년 동안 숨어 살 때, 신하 개자추(介子推)는 굶주린 임금에게 자신의 허벅지 살까지 베어 먹여가면서까지 살려냈는데, 임금이 된 연후에 부르기는커녕 거들떠보지도 않았다. 이를 뒤늦게 알고 크게 뉘우친 문공이 개자추를 하산시키고자 산에 불을 질렀지만 끝내 내려오질 않고 타죽는 길을 선택했던 것이다. 토사구팽은 그 원한을 이처럼 자학(自虐)으로 처리하기도 하지만, 그 원한을 난(亂)으로 해소시키려 했던 인조(仁祖) 때의 이괄(李适)처럼 파괴적으로 승화한 경우도 적지 않았다.

재야나 야당에서 와신상담(臥薪嘗膽)하다가 대권을 잡고 보면, 정권만을 시야에 두었던 시절과는 다른 거국적이고 공적인 시야가 겹쳐들기에 토사구팽 당했다고 원통해 하는 사람이 비일비재할 것이다. 000 前前 대통령과 000 前 대통령과의 불편한 관계도 바로 이 토사구팽에서 야기된 앙금 때문일 것이다. 000 前 국회의장이 부동산 투기혐의로 의원직을 사퇴하면서 000 대통령을 겨냥하여 토끼 잡는데 일익을 담당했는데, 이제 잡고 나서는 잡아먹으려 든다는 이 고사로 자신의 심정을 대변했다. 허물을 인정하지 않고 그런 말을 했다면 몰라도, 공직을 사퇴하고서 사적 인간으로서 한 말이라서 그러려니 하는 마음도 든다. 그렇게 생각하는 정치 '사냥개'가 적지 않을 테니 말이다.

(이규태, 「兎死狗烹」 전문)

## 2 마무리 쓰기

결론을 쓰는 가장 일반적인 방법은 논의해 온 내용을 요약하거나 결론을 내려주면서 마무리하는 방법이다. 반면 요즘에는 결론에서도 강한 인상을 주거나 여운을 남기며 끝을 맺기도 한다.

### (1) 인용하면서 마무리하는 경우

자신이 펼친 논지를 증명할 수 있는 남의 말이나 글을 인용하면서 마무리하는 방법이다. 이 방법은 다른 이의 일을 인용함으로써 자신이 전개해 온 논지의 타당성을 논증할 수 있어서 좋다.

> 아버지는 깨끗한 신한국 건설을 외쳤는데 아들은 지저분한 구한국적인 데를 좋아했고, 아버지는 일전도 안 받겠다고 다짐하면서 칼국수만 먹어 왔는데 아들은 일류호텔 특실만 드나들었고, 아버지는 검은 돈을 규제하려고 금융실명제를 실시했는데 아들은 교묘한 수법으로 검은 돈을 주무르고 있었다니. 용모는 불초(不肖)하지 않았는데 말이다.
>
> 〈동아일보〉, (1997. 5. 10)

### (2) 기대하며 마무리하는 경우

주로 사회를 비판하는 논설문에서 자주 사용되는 방법이다. 특정인이나 일반인에 대해 요망사항을 제시하며 마무리하거나, 향후의 일을 전망하며 끝맺기도 한다.

> 월드컵 4강 신화를 이룩했다고 전 국민이 환호성을 외치던 때가 엊그저께 같은데, 베트남과 오만하게 어이없이 참패하다니. 이번 기회를 통해 읍참마속(泣斬馬謖)하는 자세로 거듭나기를 기대해 마지않는다.

### (3) 당부하며 마무리하는 경우

기대하며 마무리하는 방법보다 좀더 강한 마무리 방법이다. 이러한 방법에는 종종 당부를 어겼을 때, 어떠한 일이 벌어질 것인가를 말함으로써 자기의 주장을 강조하는 수법이 동원되기도 한다.

그 점에서 우리는 정부 여당 지도자들에게 특별히 두 가지를 당부하고자 한다. 하나는 자신들부터 솔선수범(率先垂範) 하라는 것이다. 부모의 상을 당한 지도자는 법에 따라 3평 묘지를 쓰거나 화장을 실천함으로써 고통분담이 무엇인지 국민에게 보여야 한다는 것이다. 화장 납골하는 국민에 대해 특별한 이익을 주는 정책도 중요하다. 아무 적극적인 시책이나 각오 없이 말로만 개혁을 부르짖어봤자 국민은 결코 따르지 않을 것이다.

(신문사설, 「개혁 없는 묘지 보류」에서)

✐ **연습 5** 아래 고사성어를 이용하여 보기처럼 짧은 문장을 완성해 보시오.

> **보기** 그 사람 용모는 좀 초라해 보이지만, 자세히 보니 나중에 크게 될 인물 같네. 성실한 데다 부지런하니 대기만성(大器晩成)형이야. 그러니 채용하도록 하게.

① 管鮑之交
② 磨杵作針
③ 懸頭刺股
④ 多岐亡羊
⑤ 狐假虎威
⑥ 羊頭狗肉
⑦ 脣亡齒寒
⑧ 尾生之信
⑨ 畵蛇添足
⑩ 朝三暮四

## 3 실용문 쓰기

### (1) 자기소개서

'주머니에 송곳을 넣으면 어떻게 되겠습니까?'

추처낭중(錐處囊中)은 전국시대 조나라 사람 모수가 자신을 알아주지 않자 스스로를 천거하면서 "저를 자루에 미리 넣어주셨다면 자루 밖으로 빠져 나왔을 것입니다." 라고 한 말에서 유래된 것으로 인재가 남의 눈에 띄지 않고 잠시 묻혀 있는 것을 가리키는 고사성어입니다. 저도 그런 심정으로 저 자신을 소개해 보려고 합니다.

사람만이 자신이 한 일에 대해 스스로 반성할 줄 안다는 것은 이미 널리 알려진 사실입니다. 이는 인간이 환경 친화적인 동물임을 말해주는 것이며, 그만큼 자란 환경이 중요하다는 것을 일깨워주는 것이기도 합니다. 더욱이 그것이 시골이냐 도심이냐에 따라 그 차이는 더욱 크다고 믿습니다. 도심에서 자란 경우 시골에서 자란 사람보다 정서면에서 메마르기 쉽고, 자연에 친화・순응하는 태도 또한 늦기 때문입니다. 저는 그런 점에서 다행스럽게 생각합니다. 제가 태어난 강원도 ○○군 ○○면 ○○리는 전형적인 한국 시골이면서도 훈훈한 인심과 밝은 사람들이 모여 사는 곳이었습니다. 특히 교편생활을 하시던 아버지께서는 제에게 시골의 인정과 자연의 소중함을 일깨워 주셨고 자연처럼 거짓 없는 삶을 살도록 해주신 분이었습니다. 아버지는 항상 저를 데리고 다니시면서 시골에서 느낄 수 있는 각 가지 향취와 정서를 체험하도록 몸소 도와 주셨습니다. 그 때 경험한 모든 것이 지금 하나의 가치관으로 자리 잡는 계기가 되었습니다. 자연은 거짓말을 하지 않는다. 그러므로 그와 같은 삶을 살도록 해야 한다는 것이었습니다. 그리고 아버지는 제에게 늘 세 가지를 말씀하시곤 하셨습니다. 남의 식사 중에 가지 마라, 남의 잠자리를 불편하게 하지 마라, 남의 바쁜 일을 보고 방관하지 마라는 것이었습니다. 어린 저로서는 그것이 주는 진정한 의미를 몰랐었습니다. 그런데 지금에 와서야 그것이 얼마나 소중한 말씀이셨는지를 알게 되었습니다. 요즘 같이 남을 배려하지 않고 무례한 행동을 서슴지 않고 사람들을 볼 때, 그것은 작은 실천에서 머무는 것이 아니었습니다. 남을 배려하는 마음, 그것은 곧 생각과 행동을 바로 하는 것이고, 나아가 사회질서를 바로 잡는 것이며, 국가와 민족을 위해 봉사하는 자세라는 것을 깨달은 것은 오래 시간이 지난 뒤였습니다. 제가 철학을 전공하게 된 결정적인 원인이 바로 여기에 있었습니다. 남을 이해하지 않고 남을 좋아하지 않은 사람이 어찌 부모에 효도하고 형제애를 갖겠는가 하는 반문에서 시작되었던 것입니다.

저는 교직에 계신 아버지의 청렴하신 생활 탓으로 어려서부터 가난한 생활을 면치 못하였습니다. 그리하여 천안에 있는 고등학교로 진학도 하지 못한 채 소년시절을 보내야 했습니다. 그 때는 그것이 한없이 원망스럽고 세상이 불공평해 보였습니다만 지금 생각해 보면 끈기와 인내를 배우는 좋은 기회였다고 생각합니다. 그리고 검정고시를 거치면서 제가 배운 신조는 스스로 하지 않으면 원망할 가치도 없다 이었습니다. 제가 어렸을 때 이를 뺀 적이 있었습니다. 그 때 아버지는 이를 지붕에 올려야 새 이가 난다면서 이를 직접 지붕에 던지도록 하셨습니다. 어린 제가 지붕에 이를 던지는 것은 쉬운 일이 아니었습니다. 그런데도 아버지는 웃고만 계실 뿐 도와주시지 않았습니다. 저는 울면서 끝까지 던졌습니다. 결국 중학교에 다니는 언니의 도움으로 겨우 이를 지붕에 올렸습니다만 지금 생각해보면 그 때 아버지는 무슨 일이든 스스로 하는 것을 가르쳐 주셨던 것 같습니다. 그런 아버지의 의중을 알게 된 것은 성인이 된 후에서였습니다. 딸 사형제 중 막내인 제가 독립심을 가지고 모든 일을 스스로 처리해 나가게 된 것도 그 때 아버지의 도움이 아니었던가 합니다.

정상적인 부모 밑에서 아무 걱정 없이 자란 아이들과 달리 아버지가 안 계신 것이 저에게는 웃음을 잃게 하는 어두운 그림자였습니다. 그런 제가 웃음을 잃지 않고 항상 다른 사람들 앞에 당당하게 설 수 있었던 것은 어머니의 말없는 가르침이었습니다. 남편 없는 아녀자로 오히려 저희들 보다 더 힘이 드셨을 어머니의 행동으로 보여주신 말없는 가르침, 그 가르침으로 저는 대학에 당당하게 입학할 수 있었고, 여자로서 학회장의 임무를 수행할 수 있었으며, 조교로서 학과 학생들을 지도할 수 있었습니다. 조심성이 없고 덜렁대던 제가 진취적이면서도 침착성을 잃지 않고 활달하면서도 계획적인 성격을 갖게 된 것은 이러한 가르침의 영향이었던 것 같습니다.

제가 다닌 대학은 ○○대학교 ○○학과 2부였습니다. 2부 대학은 학과 구성인원이 좀 특이합니다. 직장을 다니면서 학교에 늦게 들어온 경우와 고등학교를 졸업하고 주간에 가기 어려워 2부에 입학한 경우로 나누어지기 때문입니다. 이들은 서로 융합하지 못하고 겉도는 경향이 많습니다. 서로 자신의 입장만을 관철시키려 함으로써 일어나는 현상입니다. 그런 가운데 제가 초대 학회장에 피선되어 학회장 임무를 무사히 마칠 수 있었던 것은 저의 적극적인 성격으로 인해서입니다. 지금 국어국문학과 2부 조교로 재직 중인 것도 이러한 저의 적극적인 성격과 리더십이 인정되었기 때문이라고 생각됩니다. 이러한 진취적이고 적극적인 사고를 좀 더 넓은 곳에서 펼쳐 보고 싶은 마음에서 저는 여군장교후보생으로 지원하게 되었습니다.

저는 작년에도 여군장교후보생으로 지원한 적이 있었습니다. 그 때는 여군장교로

서 갖추어야 할 투철한 군인정신과 국가와 민족을 위해 봉사해야 한다는 확고한 의지도 없이 어려서부터 꿈이었던 여군장교가 되는 것만 생각하고 막연하게 지원했던 것 같습니다. 그렇지만 와신상담(臥薪嘗膽)이라는 고사성어가 있듯이 저는 다시 지원했습니다. 그것은 작년과는 다른 각오와 소신을 가졌기 때문입니다. 여군장교는 남성 위주의 병영에 여성 고유의 특성을 조화시킴으로써 거칠지 않은 병영운영과 자유스러운 군기확립을 이룩하고자 하는 데 목적이 있습니다. 제가 여군장교후보생으로 지원하게 된 동기가 이러한 여군장교의 창립목적에 맞는 삶을 살았으면 하는 바램에 있습니다. 상당수의 남성들이 국토방위의 임무를 그야말로 마지못해 실천하고 있는 것과는 달리 여성도 국가와 민족을 위하여 국토방위에 헌신할 수 있음을 보여주겠습니다. 그리고 그러한 여군장교가 되기 위해 저는 준비해왔습니다. 제가 학회장을 지낸 것이며, 지금 조교로 재직하고 있는 것도 바로 이러한 여군장교로서 최소한 갖추어야한 지도력과 봉사정신을 함양하기 위해서였습니다. 더욱이 요즈음 사회에 만연된 부정부패와 안일 무사한 태도를 엄정한 군인정신으로 쇄신하면서, 국가와 민족을 위해서는 국토방위의 선봉에 서고, 장병들을 위해서는 어머니 같은 마음으로 건강을 보살피는 장교가 되겠습니다.

2015. 9.

지원자 ○ ○ ○

## (2) 연설문

### 학회장 출마의 변

안녕하십니까. ○○○입니다.

여러 가지 업무로 바쁘실 텐데 이렇게 참석해주셔서 감사합니다.

여러분!

우리 ○○학과에 대해 사람들이 뭐라고 말하는지 아십니까? 회사 경영은 잘하는지 모르지만 과 경영은 많이 배워야 할 것 같다고 말합니다. 왜 그럴까요.

우리는 지금까지 우리 학과에 대해 자부심을 가지고 생활해 왔습니다. 그것은 바로 ○○대학교에서 우리 ○○학과가 차지하는 비중이 그 만큼 높았기 때문입니다. 그런데 지금은 어떻습니까?

옛날의 긍지와 자부심은 서서히 자취를 감추고 과에 대한 관심마저도 점점 퇴색해 가고 있습니다. 그리고 그 흔한 총동창회도 없는 전통을 오늘도 이어가고 있습니다.

여러분!

오늘날 세계는 급변하고 있습니다. 그러한 급변의 소용돌이 속에서 못다 한 공부에 대한 미련과 대학을 나오지 못해 쉽게 꺼내 놓지 못했던 이력서에 대한 한, 그리고 가족이나 주위 사람들에 대한 편견 등을 가슴 깊이 앓아 왔기에 우리는 이 자리에 오게 되었습니다. 그래서 우리는 한 가족이 된 것입니다. 그리고 그것은 우리가 ○○학과의 영원한 동문이 되었음을 의미합니다. 그러한 의미에서 순망치한(脣亡齒寒)이 주는 교훈 또한 새겨야 할 것입니다.

우리가 흔히 쓰는 말 중에 '국적은 바뀌어도 학적은 바뀌지 않는다'는 말이 있습니다. 그 만큼 동문의 중요성을 말하는 것이겠지요. 그리고 오늘날 같이 학교・학과에 대해 별로 관심이 없는 현실에서는 그것이 시사하는 바가 그 어느 때보다도 크다 하겠습니다.

가족을 등진 사람이 자신의 뿌리에 대해 긍지를 가질 수 없는 것은 불 보듯 뻔합니다. 마찬가지로 자신이 속한 학과를 무시하는 사람이 학과에 대해 자부심을 가질 리 만무한 것입니다.

여러분!

저는 ○○학과의 역사를 다시 쓰기 위해 이 자리에 섰습니다. ○○학과의 전통을 다시 세우기 위해 부족하지만 이 자리에 섰습니다. 저는 약속합니다. ○○학과의 역사와 전통을 세우기 최선을 다할 것입니다.

그러기 위해 먼저, 총동문회를 결성하고자 합니다. 총동문회는 학과의 얼굴이자 미래입니다. 그래서 총동문회의 결성이야말로 무엇보다도 시급한 과제가 아닐 수 없습니다. 그리고 이를 통해 해마다 학과 일에 적극적인 학생을 추천 받아 장학금을 지급할 예정입니다.

다음으로 학과 결속력과 원활한 학생회를 수행하기 위하여 대위원을 보강하고자 합니다. 총동문회 결성에 따른 업무 증가도 있지만 무엇보다도 학과에 대한 관심을 불러일으키려는 의도로 마련한 것입니다. 이는 선후배간의 유연한 협력에 필요할 뿐 아니라 차기 학생회를 이끌어 갈 후배를 양성한다는 차원에서도 필요한 것이라 믿습니다. 그것은 학회운영의 연속성을 위한 조치이기도 합니다.

셋째로 1부・2부의 유기적인 상호협력을 통해 학내 분위기를 쇄신하고자 합니다. 지금까지 1부와 2부는 딴 사람을 차려 온 것이 사실입니다. 한 가족이면서도 서로 얼굴을 외면해 왔던 것입니다. 그러나 우리는 한 가족 그 이상도 이하도 아닙니다. 따라서 1부・2부 선후배간의 유대를 돈독히 함은 물론 상호 협력하여 강의정보를 교환하고 나아가 1부 학생들의 취업 및 진로에 대해 이끌어주어야 할 의무감에서도 이는 반드시 필요하다고 봅니다.

여러분!

이제 우리는 우리에 대해 다시 한 번 생각해야 할 때입니다. 다시 한 번 뭉쳐야 할 때입니다. 역사와 전통을 가지 우리 ○○학과를 지켜야 할 때가 된 것입니다. 이대로 후배에게 과의 잘못된 전통을 넘겨 줄 수는 없는 것입니다.

학교를 졸업하고 사회에서 후배를 만났을 때, 자랑스럽게 “나 ○○학과 나왔어”라고 말할 수 있는 긍지를 가지도록 노력합시다. 그것은 결코 큰 힘을 필요로 하는 것이 아닙니다. 작은 관심, 그것이 커다란 ○○학과를 이끌어 가는 것입니다.

2015. 11.

학회장 후보 ○○○

〈강원대학교 삼척캠퍼스 학회장 후보 연설문〉

### (3) 사설 · 칼럼

오늘날, 우리가 필요로 하는 서적 중에는 입수하기 어려운 것도 있다는 불평이 많은 것도 사실이지만, 그러나 인류가 지금까지 이루어 낸 서적의 양은 실로 막대한 바가 있다. 옛날에도 서적이 많다는 표현을 오거서(五車書, 다섯 대의 수레에 실을 만한 서적)와 한우충동(汗牛充棟, 소에 실으면 소가 땀을 흘리며 끌 정도요, 집에 쌓아 놓으면 천장에 닿을 지경)이라고 하였다.

그러나 오늘날에 와서는 '오거서'나 '한우충동' 따위의 표현으로는 이야기도 안 될 만큼 서적은 많다.

우리나라 사람은 일반적으로 책에 대한 관심이 적은 것 같다. 학교에 다닐 때에는 시험이란 악마의 위력 때문이랄까. 울며 겨자 먹기로 교과서를 파고들지만, 일단 졸업이란 영예의 관문을 돌파한 다음에는 대개 책과는 인연이 멀어지는 것 같다.

옛말에 "하루 책을 읽지 않으면 입에 가시가 돋친다(一日不讀書 口中生荊棘)"라는 말이 있지만, 오늘날은 하루 책을 안 읽으면 입에 가시가 돋치는 문제만에 그치는 것이 아니라, 오늘날처럼 생존경쟁이 격심한 마당에 있어서 하루만큼 낙오자가 되어, 열패자(劣敗者)의 고배와 비운을 맛보지 않을 수 없게 될 것이다.

(이희승, 「인생의 지혜로서의 독서」 일부)

✐ 연습 6 다음 글과 같은 내용을 함축적으로 나타내는 고사성어를 선택해 보라.

얼마 전에 내가 재직 중인 대학교 벽에 붙은 대자보를 읽어보았다. 자신들이 '배재'된다고 비분강개하는 부분이 눈에 띄었다. '배제(排除)'라고 쓰고 싶었는데 타이프 과정에서 '제'자를 '재'자로 잘못 쓴 것이려니 생각했다. 그런데 그 다음 문장에서도 계속해 자신들은 '배재'당하고 있다고 열을 올리는 것이 아닌가. 한번은 수업 시간에 1960년대 영화를 수업자료로 사용해 보았다. 주인공 책상 앞에 '考試突破'라고 써 붙인 쪽지가 보였다. 혹시나 해서 학생들에게 물어보았더니 80명의 학생 중에 이 간단한 한자를 읽는 학생이 거의 없었다. 그 중에는 고시생들도 꽤 있으련만…….

한번은 학생들과 함께 여행을 갔는데 절벽 가까이에 '危險'이라고 쓴 표지판이 있었다. 학생들이 그 앞에서 "이게 뭐라고 쓴 거야?"하는 것이었다. 이런 '위험한' 사정이니 내가 가르쳐서 사회에 내보내는 많은 학생은 적어도 한자에 관한 한 문맹이라 하지 않을 수 없다.

꼭 한자 해독만의 이야기가 아니다. 영어나 수학 · 제2외국어 등 여러 가지 점에서 요즘 대학생들은 깜짝 놀랄 정도로 기본이 안돼 있다.

요즘 좋은 대학에 들어가기 위해 수험생 자신과 학부모들이 얼마나 많은 애를 쓰는가. 초등학교 때부터 대학 입학시험 준비를 하는 것이 우리의 현실이다. 사실 우리 아이들을 위해 많은 교육 투자를 한다는 것 자체야 나쁘게만 생각할 일은 아니다. 문제는 그 투자가 정말로 비교육적이며 비효율적이라는 데 있다. 그 많은 투자를 받았고, 그 가운데에서 다른 사람들과의 경쟁에서 이기고 들어온 학생들이라면 의당 우리 민족과 세계의 미래를 밝힐 수재들이어야 한다. 그런데 현실은 전혀 그렇지 않다.

(주경철, 중앙시평, 〈중앙일보〉 2003. 10. 2 일부)

✐ <u>연습 7</u> 다음 글에 알맞은 고사성어를 보기에서 골라라.

① 손에서 책을 놓지 않고 열심히 독서함을 비유.
② 우공이 산을 옮긴다는 뜻으로 아무리 어렵고 큰일이라도 잔꾀를 부리지 않고 끊임없이 노력하면 결국에는 이루어진다는 것을 비유.
③ 눈을 비비고 상대를 다시 본다는 말로 남의 학식이나 재주가 현저하게 발전한 것을 뜻함.
④ 먹다 남은 복숭아를 먹인 죄라는 뜻으로 처음에는 총애하였으나 미워진 뒤에는 지난 일까지도 도리어 죄가 됨을 비유.
⑤ 사슴을 가리켜 말이라고 한다는 뜻으로 윗사람을 속이고 권세를 제 마음대로 휘두르거나 사람을 속이려 억지를 쓰는 것을 비유.
⑥ 송나라 양공의 어짊이란 뜻으로 자신의 처지도 모르고 분수도 없이 남을 동정하는 것을 비웃는 말.
⑦ 적과 싸울 때 강이나 바다를 등지고 치는 진이라는 뜻으로 어떤 일에 필사의 각오로 대처하는 것을 말함.
⑧ 용을 그린 그림에 눈을 그려 넣는다는 뜻으로 어떤 일의 가장 중요한 부분을 완성시키는 것.
⑨ 맹자의 어머니가 맹자를 교육하기 위하여 세 번이나 이사했다는 고사.
⑩ 배에 새겨두고 칼을 찾는다는 뜻으로 판단력이 둔하여 세상일에 어둡고 어리석음을 뜻함.

| 보기 | | | | | |
|---|---|---|---|---|---|
| 愚公移山 | 伯牙絶絃 | 管鮑之交 | 刎頸之交 | 鐵杵成針 | 水滴穿石 |
| 刮目相對 | 餘桃之罪 | 酒池肉林 | 斗酒不辭 | 兎死狗烹 | 指鹿爲馬 |
| 刻舟求劍 | 亡羊補牢 | 月下冰人 | 天高馬肥 | 群盲撫象 | 膠柱鼓瑟 |
| 宋襄之仁 | 臥薪嘗膽 | 背水之陣 | 畵龍點睛 | 孟母三遷 | 手不釋卷 |

## 3) 고사성어의 실제

### (1) 孝道에 관계되는 故事成語

- **昏定晨省(혼정신성)** : 저녁에는 잠자리를 정해 드리고 아침에는 안녕히 주무셨는지를 살핀다는 뜻으로 자식이 아침저녁으로 부모를 보살피는 것을 이름.
- **冬溫夏淸(동온하청)** : 겨울에는 따뜻하게 해드리고 여름에는 시원하게 해드린다는 뜻으로 효도를 일컫는 말.

  凡爲人子之禮 冬溫而夏淸 昏定而晨省 出必告 反必面 所遊必有常 所習必有業 恒言不稱老
- **無諾唯起(무약유기)** : 부모가 부를 때는 느릿느릿 대답하지 말고 짧게 대답하고 일어나야 하는 것을 이르는 말.
- **下氣怡聲(하기이성)** : 부모를 섬길 때는 기운을 낮추고 목소리를 기쁘게 해야 한다는 말. 하찮은 언행도 자기의 智德을 연마하는데 도움이 된다는 의미.
- **斑衣之戲(반의지희)** : 부모를 기쁘게 해드리고 어린아이처럼 색동저고리를 입고 춤을 추는 것을 말함.
- **反哺報恩(반포보은)** : 까마귀가 먹이를 물어다가 어미 새를 봉양함과 같이 부모의 길러주신 은혜에 보답함(= 反哺之孝).
- **立身揚名(입신양명)** : 수양하고 출세하여 후세에 이름을 날림.

  身體髮膚는 受之父母라 不敢毁傷이 孝之始也요 入身行道하야 揚名於後 世하야 以顯父母 孝之終也라.
- **衣不解帶(의불해대)** : 부모님이 병환 중일 때, 효자는 옷을 벗지 않고 옆에서 간호함을 이름.
- **藥必親嘗(약필친상)** : 부모가 병환 중일 때, 자식이 반드시 약을 맛본 다음에 드림을 이름.

- 王祥得鯉(왕상득리) : 西晉시대에 王祥이라는 사람은 어려서부터 지극한 효자였는데 불행하게도 어려서 어머님이 돌아가시고 말았다. 그래서 계모 밑에서 자라는데 그 계모가 그를 무자비하게 대하고 아버지께도 항상 이간질하여 아버지도 점점 그를 미워했다고 한다. 그렇지만 왕상은 더욱 부모님께 공손하고 몸가짐을 조심하였다. 언젠가 몹시도 추운 겨울에 계모가 왕상에게 신선한 생선이 먹고 싶다고 하여 왕상은 강에 나가 보았으나 강은 꽁꽁 얼어붙었고 사방을 둘러보아도 얼음을 깰 도구가 보이지 않아 하는 수 없이 옷을 벗고 얼음 위에 누워 체온으로 얼음을 녹여 물고기를 잡으려고 하였다. 그러자 갑자기 얼음이 녹으면서 물속에서 잉어 두 마리가 어름위로 뛰어 올라 왔다고 한다.
- 舐犢之情(지독지정) : 부모가 자식 사랑함을 어미 소가 송아지를 핥는 데 비유한 말(= 舐犢之愛).
- 望雲之情(망운지정) : 객지에서 부모를 생각하는 마음. 어버이를 그리워하는 심정.
- 風樹之嘆(풍수지탄) : 바람이 불면 나무가 가만히 있지 못한다는 뜻으로 효도를 다하지 못하고 어버이를 여읜 자식의 슬픔을 비유.

### (2) 眞情한 友情에 관계되는 故事成語

- 管鮑之交(관포지교) : 시세에 따라서도 변치 않는 지극히 친밀한 친구 사이의 교제.
- 刎頸之交(문경지교) : 목이 잘리어도 한이 없을 만큼 굳은 생사를 같이하는 친한 벗. 또는 그런 교제.
- 水魚之交(수어지교) : 물과 물고기의 관계처럼 교분이 매우 깊은 것을 말함. 대개 군주와 신하의 사이가 친밀한 것을 비유(= 君臣水魚).
- 莫逆之友(막역지우) : 마음이 맞아 서로 거스르는 일이 없는 生死와 存亡을 같이 할 수 있는 아주 친밀한 벗(= 莫逆之交, 莫逆之間).
- 金蘭之契(금란지계) : 쇠처럼 단단하고 난초처럼 향기로운 맺음이란 뜻으로 친구간의 두터운 우정을 이름(= 金蘭之交).
- 金石之契(금석지계) : 쇠나 돌 같은 굳은 사귐(= 金石之交).
- 肝膽相照(간담상조) : 간과 쓸개를 서로 꺼내 보여줄 정도로 진심을 터놓고 사귀는 사이나 마음이 잘 맞는 사이를 비유.
- 松茂柏說(송무백열) : 소나무가 무성하니 잣나무가 기뻐한다는 뜻으로 친구간의 잘됨을 서로 좋아한다는 의미.

- 竹馬故友(죽마고우) : 죽마를 함께 타고 놀던 벗이란 뜻으로 어릴 때부터 같이 놀며 자란 친구를 일컫는 말(= 竹馬舊友, 竹馬之友, 竹馬交友, 十年知己, 忽竹之交).
- 朋友責善(붕우책선) : 벗들은 서로 권하여 착한 일을 해야 한다는 뜻.
- 桃園結義(도원결의) : 복숭아밭에서 맺은 결의라는 뜻으로 목숨을 걸고 굳게 맺은 의형제를 말함.
- 伯牙絕絃(백아절현) : 자기를 알아주는 참다운 벗의 죽음을 슬퍼함. 거문고를 잘 타는 유백아가 자신의 거문고 소리를 이해해주던 종자기가 죽자 절망하여 그 뒤로 거문고 줄을 끊고 다시는 거문고를 타지 않았다는 고사에서 유래.
  자기를 진정으로 알아주는 친구인 知己를 가리켜 知音知友(줄여서 知音)라고 하는 것도 여기에서 나옴.
- 斷金之交(단금지교) : 쇠를 끊는 사귐이란 뜻으로 두 사람이 힘을 모으면 어떠한 일도 할 수 있는 교분을 이름.
- 芝蘭之交(지란지교) : 지초와 난초 같은 사귐이란 뜻으로 우아하고 고상한 친분을 이름.

### (3) 學問 硏磨에 관계되는 故事成語

- 自强不息(자강불식) : 학문하는 데 있어 항상 스스로 최선을 다하고 힘써 그치지 아니함.
- 發憤忘食(발분망식) : 발분하여 끼니까지 잊을 정도로 열심히 노력함을 이름.
- 手不釋卷(수불석권) : 손에서 책을 놓지 않고 열심히 독서함을 비유.
- 螢雪之功(형설지공) : 반딧불과 눈빛을 이용하여 공부해서 얻은 보람이란 뜻으로 갖은 고생을 하며 수학함을 비유.
- 螢窓雪案(형창설안) : 반딧불이 비치는 창과 눈에 비치는 책상이라는 뜻으로 어려운 역경을 딛고 학문에 힘쓰는 것을 비유. 서재를 가리키는 말로도 쓰임.
- 晝耕夜讀(주경야독) : 낮에는 농사를 짓고 밤에는 공부한다는 뜻으로 바쁜 틈을 타서 어렵게 공부함을 비유.
- 切磋琢磨(절차탁마) : 옥돌을 쪼고 갈아서 빛을 냄. 학문이나 인격을 수련・연마함을 비유.
- 日就月將(일취월장) : 날이 가고 달이 갈수록 학문이나 기술이 나날이 발전함.
- 韋編三絕(위편삼절) : 책을 맨 가죽 끈이 세 번이나 끊어질 정도로 책을 많이 읽음.
- 大器晩成(대기만성) : 큰 그릇이나 큰 종을 만드는데 시간이 오래 걸리듯이 크게 될

사람은 늦게 이루어짐.

- 刮目相對(괄목상대) : 눈을 비비고 상대를 다시 본다는 말로 남의 학식이나 재주가 현저하게 발전한 것을 뜻함(= 刮目相看).
- 磨杵作針(마저작침) : 쇠절구공이를 갈아 바늘을 만든다는 뜻으로, 아무리 어려운 일이라도 끈기 있게 노력(努力)하면 이룰 수 있음을 비유(= 鐵杵成針, 點滴穿石, 水積成川, 水滴石穿, 磨斧作鍼, 磨斧爲針)
- 他山之石(타산지석) : 다른 산에서 나는 하찮은 돌도 자기의 옥을 가는데 쓰임. 곧 다른 사람의 하찮은 언행일지라도 자기의 지덕을 닦는데 도움이 된다는 말.
- 孔子穿珠(공자천주) : 공자가 구슬을 꿰다. 모르는 문제를 자기보다 못한 사람에게 묻는 일은 부끄러운 행동이 아님을 비유.
- 老馬之智(노마지지) : 늙은 말의 지혜란 뜻으로 아무리 하찮은 것일지라도 배울 만한 것이 있음을 가리킴. 또는 아무리 보잘 것 없는 것이라도 저마다 장기나 장점이 있음을 비유.
- 不恥下問(불치하문) : 아랫사람에게 묻는 것도 부끄럽게 여기지 말아야 함.
- 斷機之戒(단기지계) : 맹자의 어머니가 베틀의 피륙을 끊어 맹자를 가르쳤다는 고사에서 유래 된 말로 학문을 中途에서 포기하는 일은 베의 날을 끊는 것과 같다는 뜻(= 斷機之敎, 孟母斷機).
- 晝思夜度(주사야탁) : 낮에는 생각하고 밤에는 헤아림.
- 溫故知新(온고지신) : 옛 것을 배워 새것을 앎.
- 汗牛充棟(한우충동) : 공부하는 자는 모름지기 수레에 실으면 소가 땀을 흘리고, 쌓아 놓으면 석가래에 닿을 정도로 많은 책을 읽어야 함.
- 畵龍點睛(화룡점정) : 용을 그린 그림에 눈동자를 그려 넣는다는 뜻으로 어떤 일의 가장 중요한 부분을 완성시키는 것을 비유.
- 換骨奪胎(환골탈태) : 얼굴이 전보다 변해 아름답게 됨. 또는 남의 문장을 본뜨되 그 형식을 바꾸어 자작처럼 꾸밈.
- 過猶不及(과유불급) : 정도를 지나침은 도리어 미치지 못하는 것과 같다는 말로 중용의 중요함을 비유.
- 單刀直入(단도직입) : 문제의 핵심에 직접 들어간다는 말.
- 懸頭刺股(현두자고) : 머리를 묶어 천장에 매고 허벅지를 찌르면서까지 열심히 공부함.

- 南橘北枳(남귤북지) : 남쪽의 귤도 북쪽으로 옮기면 탱자가 된다는 말로 환경의 중요성을 말함.
- 孟母三遷(맹모삼천) : 맹자의 어머니가 맹자를 교육하기 위하여 세 번이나 이사했다는 고사.
- 多岐亡羊(다기망양) : 갈림길이 많아 양을 잃어 버렸다는 뜻으로 학문적 주장이 다양하여 정도를 찾을 수 없을 때나 방침이 너무 많아 갈피를 잡지 못할 때를 말함.
- 下學上達(하학상달) : 아래를 배워서 위에 통달한다는 뜻으로 쉬운 것부터 배워 깊고 어려운 것을 깨달음.

### (4) 올바른 生活에 관계되는 故事成語

- 三綱五倫(삼강오륜) : 유교의 기본 생활 덕목. 君臣・父子・夫婦 간의 관계와 長幼・朋友 간의 수칙.
- 仁者無敵(인자무적) : 어진 이는 사랑으로 모든 일을 하므로 적이 없다는 뜻.
- 身言書判(신언서판) : 사람이 갖추어야 할 네 가지 조건. 곧 신수, 말씨, 문필, 판단력.
- 上行下敎(상행하교) : 윗사람의 행동을 아랫사람이 본받음.
- 克己復禮(극기복례) : 자기를 이기고 예로 돌아옴.
- 殺身成仁(살신성인) : 목숨을 버려서 인을 이룸.
- 明哲保身(명철보신) : 맑은 정신과 지혜로운 자세로 자신의 몸을 잘 간수함.
- 見利思義(견리사의) : 눈앞에 이익이 보일 때 의리를 생각함.
- 見危授命(견위수명) : 나라의 위태로움을 보면 목숨을 아끼지 않고 나라를 위하여 싸움.
- 愛人如己(애인여기) : 다른 사람 사랑하기를 내 몸 하듯이 함.
- 隱忍自重(은인자중) : 괴로움을 참고 몸가짐을 조심함.
- 敎學相長(교학상장) : 가르치는 것과 배우는 것은 서로 도움이 됨.
- 貧者一燈(빈자일등) : 석가가 가난한 여인의 등 하나를 칭찬했다는 말로 진정한 정성을 강조한 말.
- 三顧草廬(삼고초려) : 유비가 제갈량을 그의 초막으로 세 번이나 찾아가 간절히 재상이 되어 주기를 간청한 고사에서 유래(= 三顧之禮).
- 柔能制剛(유능제강) : 부드러운 것이 능히 강한 것을 제압함.
- 泣斬馬謖(읍참마속) : 울면서 마속의 목을 베었다는 뜻으로 사사로운 감정보다 규율을 우선함.

- 改過遷善(개과천선) : 허물을 고치어 착하게 됨(= 改過自新).
- 敬天愛人(경천애인) : 하늘을 공경하고 백성을 사랑함.
- 勸善懲惡(권선징악) : 선을 권하고 악을 징계함.
- 格物致知(격물치지) : 사물의 이치를 탐구하여 지식을 명확히 함.
- 修身齊家(수신제가) : 자기 자신의 心身을 먼저 닦고 집안을 다스리는 일.
- 居安思危(거안사위) : 편안할 때에 앞으로 닥칠 위태로움을 생각함.

### (5) 人生의 性情과 관계있는 故事成語

- 漁父之利(어부지리) : 도요새와 조개가 다투는 사이에 어부가 이 둘을 모두 잡았다는 데서 유래된 말로 서로의 이해관계로 인해 둘이 싸우는 사이에 제 삼자가 힘들 이지 않고 이득을 본다는 뜻.
- 犬免之爭(견토지쟁) : 개와 토끼의 다툼이란 뜻으로 둘이 다투고 있는 사이에 제 삼자가 이득을 봄(= 田父之功).
- 作心三日(작심삼일) : 한 번 먹은 마음이 삼일밖에 지속되지 않음.
- 朝三暮四(조삼모사) : 교묘한 술수로 남을 우롱하고 속이는 것을 이름. 또는 눈앞에 보이는 차별만 알고 그 결과는 같은 것임을 모르는 어리석음을 풍자.
- 緣木求魚(연목구어) : 나무 위에 올라가서 물고기를 구한다는 뜻으로 당치 않은 일을 하는 것을 비유.
- 以卵投石(이란투석) : 계란으로 바위 치기.
- 陸地行船(육지행선) : 뭍으로 배를 저으려 한다는 뜻으로 불가능한 일을 이름.
- 暴虎馮河(포호빙하) : 맨손으로 호랑이를 잡고 맨몸으로 황하를 건넌다는 뜻으로 위험을 두려워하지 않는 무모한 용기를 비유한 말.
- 刻舟求劍(각주구검) : 배에 새겨두고 칼을 찾는다는 뜻으로 판단력이 둔하여 세상일에 어둡고 어리석음을 뜻함(= 刻舟, 刻船, 刻舷).
- 膠柱鼓瑟(교주고슬) : 거문고에 아교를 붙여 연주한다는 뜻으로 고지식하고 변통성이 없는 사람을 비유.
- 尾生之信(미생지신) : 미생의 신의라는 뜻으로 융통성이 없는 막무가내의 믿음이나 어리석은 신념을 말함. 노나라의 미생이란 사람이 한 여인과 다리 밑에서 만나기로 약속했는데, 시간이 지나도 나타나지 않는 여인을 끝까지 기다리다 홍수로 물에 빠져 죽었다는 고사에서 유래.

- 守株待兔(수주대토) : 그루터기를 지키며 토끼를 기다린다는 뜻으로 융통성이 없고 어리석은 사람을 비유.
- 井中之蛙(정중지와) : 우물 안의 개구리라는 뜻으로 세상 물정에 어둡고 시야가 좁음(= 井底之蛙).
- 坐井觀天(좌정관천) : '井中之蛙'나 '井底之蛙'와 같은 뜻으로 '우물 안의 개구리'를 일컫는 말.
- 邯鄲之步(한단지보) : 조나라 서울 한단의 걸음걸이라는 뜻으로 자기 분수를 잊고 무턱대고 남을 흉내 내는 일을 비유.
- 亡羊補牢(망양보뢰) : 양을 잃어버린 뒤 양 우리를 고쳐도 늦지 않는다는 뜻으로 잘못이 발생한 후라도 즉시 시정하면 때가 늦지 않는다는 말.
- 渴而穿井(갈이천정) : 목이 말라야 우물을 판다는 뜻으로 사전에 준비하지 않다가 일이 일어 난 후에 노력해봤자 소용없음을 비유. 소를 잃고 외양간 고친다는 말과 같은 뜻.
- 臨渴掘井(임갈굴정) : 渴而穿井과 같은 뜻으로 곧 준비가 없이 일을 당하여 허둥지둥하는 것을 가리키는 말.
- 晩時之歎(만시지탄) : 기회를 놓쳐버려 안타까워하는 탄식을 비유.
- 吳牛喘月(오우천월) : 오나라의 소는 더위를 몹시 타 달을 보고도 해인 줄 알고 헐떡인다는 뜻.
- 杯中蛇影(배중사영) : 술잔 안에 활 그림자 비친 것을 뱀인 줄 알고 놀랐다는 뜻으로 의심이 많음을 비유.
- 風聲鶴唳(풍성학려) : 바람소리나 학의 울음소리를 듣고도 놀랄 정도로 두려워함.
- 草木皆兵(초목개병) : 적을 두려워함이 지나치면 온 산의 초목까지도 적군으로 보인다는 말.
- 百年河淸(백년하청) : 중국 황하의 물이 항상 흐리어 맑을 날이 없다는데서 유래된 말로 아무리 오래 되어도 일이 이루어지기 어려움을 이름.
- 漢江投石(한강투석) : 지나치게 미미하여 전혀 효과가 없음.
- 掩耳盜鈴(엄이도령) : 귀를 가리고 방울을 衣錦 夜行, 繡衣夜行훔친다는 뜻으로 자기의 허물을 듣지 않으려고 스스로 귀를 막으나 아무 소용없는 짓임을 일컫는 말(= 掩耳盜鐘).

- 凍足放尿(동족방뇨) : 언 발에 오줌을 눈다는 뜻으로 잠시 효력이 있을 뿐 오래가지 않음.
- 錦衣夜行(금의야행) : 비단옷 입고 밤 길 간다는 뜻으로 아무 보람 없는 행동을 함(= 衣錦夜行).
- 口尙乳臭(구상유취) : 입에서 아직도 젖내가 난다는 뜻으로 언행이 유치하거나 식견이 없는 사람을 비유.
- 狗尾續貂(구미속초) : 개꼬리로 담비꼬리를 잇는다는 뜻으로  벼슬아치가 너무 많아 번다하게 된 것을 가리킴 또는 어떤 일이 앞은 잘 되었으나 뒤가 잘못된 경우를 이름.
- 隔靴搔癢(격화소양) : 가죽신을 신고 가려운 곳을 긁는다는 뜻으로 힘써 노력하지만 성과는 아무 것도 없거나 일이 철저하지 못해서 성에 차지 않는다는 의미.
- 見蚊拔劍(견문발검) : 모기를 보고 칼을 뽑는다는 뜻으로 하찮은 일에 지나치게 성을 내어 덤빔을 비유.
- 矯角殺牛(교각살우) : 뿔을 바로 잡으려다가 소를 죽인다는 뜻으로 결점이나 흠을 바로 잡으려다가 수단이 지나쳐 일을 그르침 또는 지엽적인 일에 얽매여 본체를 그르침을 비유.
- 群盲撫象(군맹무상) : 맹인이 코끼리를 만진다는 뜻으로 좁은 식견을 가지고 어떤 사물을 자기 주관대로 그릇되게 판단하는 것 또는 어떤 사물의 전체를 보지 못하고 그 일부밖에 파악하지 못하는 것을 비유(= 群盲評象, 群盲摸象, 盲人摸象).
- 獨不將軍(독불장군) : 따돌린 외로운 사람 또는 혼자서는 장군이 못 된다는 뜻으로 남과 협조 해야 한다는 의미.
- 得隴望蜀(득롱망촉) : 농 땅을 얻고 나니 촉 땅을 바란다는 뜻으로 인간의 욕심이 끝이 없음을 비유(= 望蜀, 平隴望蜀, 望蜀之歎).
- 傍若無人(방약무인) : 곁에 사람이 없는 것처럼 행동한다는 뜻으로 성격이 활달해서 남의 이목에 얽매이지 않고 자유롭게 행동하거나 오만불손한 태도를 보이는 것 을 비유.
- 宋襄之仁(송양지인) : 송나라 양공의 어짊이란 뜻으로 자신의 처지도 모르고 분수도 없이 남을 동정하는 것을 비웃는 말.
- 蝸角之爭(와각지쟁) : 달팽이 뿔 위에서의 싸움(촉각끼리의 싸움)이란 뜻으로 좁디좁은 세상에서 서로 땅을 더 차지하려는 부질없는 싸움이나 애써 다투어 보았자 얻는

것이 극히 적은 싸움을 비유.

- 子莫執中(자막집중) : 전국시대 사람인 子莫이 중용만을 지키고 있었던 데서 유래한 말로 변통성이 없는 사람을 이름.
- 於陵仲子(오릉중자) : 지나치게 고지식하여 다른 이치를 모름. 진중자(陳仲子)는 전국시대 제나라 사람이다. 그는 자기 형 진대(陳戴)의 녹봉이 만 종(種)에 이르렀으나 의롭지 않다 하여 같이 살지도 먹지도 않았다. 결국 부모형제를 떠나 초나라에 가서 살면서 스스로 오릉중자(於陵仲子)라 불렀다. 빈궁했지만 구차하게 구하지 않았고 의롭지 않은 음식은 먹지도 않았다. 자신이 직접 신발을 짰고 부인이 삼실을 자아 먹을 것 입을 것과 바꿔 생활하였다. 초나라 왕이 그가 어질다는 소문을 듣고 재상으로 삼고자 사신을 보내 황금 100일(일, 1鎰은 24냥)을 전해왔다. 진중자는 아내에게 "오늘 재상이 되면 내일 성대한 수레를 타고, 한 상 가득 진수성찬을 늘어놓고 먹을 텐데 어떻게 생각하느냐"고 물었다. 그러자 그의 아내는 "지금 무릎을 들여놓을 만한 공간의 편안함과 한 점의 고기 맛 때문에 초나라의 근심을 떠안게 된다면 어지러운 세상에는 해로움이 많은 지라 당신이 목숨을 부지하지 못할까 두렵습니다."라고 말했다. 진중자가 아내의 말을 듣고 재상의 자리를 사양한 것은 물론이다. 이후 진중자는 사람이 알지 못하는 곳으로 떠났으며 농사를 지으며 일생을 보냈다 한다. 그러한 삶으로 말미암아 그는 전국시대를 대표하는 청렴한 인물의 표상이 되었다.
- 目不識丁(목불식정) : 고무래보고도 정(고무래 정)자를 모른다는 뜻으로 일자무식을 이름.
- 魚魯不辨(어로불변) : 어(魚)자와 로(魯)자를 구별하지 못할 정도로 무식함을 비유. 세상물정에 어둡거나 어리석은 사람을 말할 때 씀.
- 菽麥不辨(숙맥불변) : 콩인지 보리인지 분별하지 못한다는 뜻으로 사물을 잘 분별하지 못하여 어리석은 사람을 비유한 말(= 菽麥).
- 一字無識(일자무식) : 아주 무식함을 비유.
- 杞人之憂(기인지우) : 기나라 사람이 하늘과 땅이 무너질 것을 걱정했다는 고사에서 유래된 말로 쓸데없는 근심을 뜻함(= 杞憂).
- 畵蛇添足(화사첨족) : 뱀의 다리를 그렸다는 뜻으로 쓸데없는 짓을 하다가 오히려 실패함을 비유한 말(= 蛇足).

- 助長(조장) : 억지로 힘을 가해 자라게 한다는 뜻.
- 效顰(효빈) : 越나라의 西施가 불쾌하여 얼굴을 찡그리자 어떤 醜女가 미인은 얼굴을 찡그린다고 여겨 자기도 찡그렸다는 고사에서 유래된 말로 함부로 남의 흉내를 내거나 남의 결점을 장점인 줄 알고 본뜨는 것을 이름(= 西施矉目, 效矉).
- 死後藥方文(사후약방문) : 사람이 죽은 뒤에야 약방문을 써 가지고 온다는 말로 때가 늦음을 비유.
- 作舍道傍(작사도방) : 길가에 집을 지을 때 왕래하는 사람들의 의견이 많아 어떤 것을 따를지 결정하기 어렵다는 뜻으로 이론이 많아 일을 이루기 힘들 때 씀(= '作舍道傍 三年不成'의 준말).

## (6) 人間의 世態와 관계있는 故事成語

- 吳越同舟(오월동주) : 오나라와 월나라 사람이 한 배를 탔다는 뜻으로 적대 관계에 있는 사람이 같은 처지에 놓이게 됨을 비유.
- 朝變夕改(조변석개) : 아침저녁으로 뜯어고침(= 朝改暮變).
- 朝令暮改(조령모개) : 아침에 명령을 내리고 저녁에 다시 변경한다는 뜻으로 법령이 자주 바뀌어 믿을 수 없음을 비유. 아침에 조세를 부과하고 저녁에 벌써 걷어 들인다는 의미로도 쓰임.
- 甘呑苦吐(감탄고토) : 달면 삼키고 쓰면 뱉는다는 뜻으로 사리의 옳고 그름을 돌보지 않고 자기 비위에 맞으면 좋아하고 그렇지 않으면 싫어함을 비유.
- 免死狗烹(토사구팽) : 토끼 사냥이 끝나면 사냥개를 삶아 먹는다는 뜻으로 필요할 때는 긴요하게 쓰다가 쓸모없어지면 제거함을 비유.
- 姑息之計(고식지계) : 아녀자나 어린아이가 꾸미는 것 같은 계책을 말하는 것으로 생각이 단순하거나 당장 편한 것만 취하는 계책. 또는 눈앞에 있는 어려움만 우선 피하려는 계책을 이름(= 彌縫策, 下石上臺, 冬足放尿).
- 臨機應變(임기응변) : 어떤 경우에 임하여 적절히 바꾼다는 뜻으로 그때 그때의 상황에 따라 변통성 있게 일을 잘 처리함을 비유(= 臨機變通, 機變, 應變, 機略, 機謀, 機材, 隨時變通, 枕流漱石, 漱石枕流).
- 口蜜腹劍(구밀복검) : 입에는 꿀을 바르고 있지만 뱃속에는 칼을 품고 있다는 뜻으로 말로는 친하나 속으로는 해칠 생각을 품음.
- 面從腹背(면종복배) : 겉으로는 복종하는 체하면서 속으로는 배반함을 비유(= 面從後

言, 陽奉陰違).

- 勸上搖木(권상요목) : 나무 위에 오르라고 권하고는 오르자마자 아래에서 흔들어댄다는 뜻으로 겉 다르고 속 다른 사람을 일컬음.
- 羊頭狗肉(양두구육) : 양 머리를 내걸고 개고기를 판다는 뜻으로 겉은 그럴 듯하나 속은 형편없음을 비유(= 勸上搖木, 敬而遠之, 口蜜腹劍, 表裏不同).
- 同牀異夢(동상이몽) : 같은 잠자리에서 다른 꿈을 꾼다는 뜻으로 겉으로는 같이 행동하면서 속으로는 각기 다른 생각을 함(= 同牀各夢).
- 鹿皮之曰(녹피지왈) : 사슴가죽에 써 놓은 글씨가 잡아당기는 대로 변하는 것처럼 제도나 법령을 자기편의 대로 고쳐 씀.
- 附和雷同(부화뇌동) : 번개가 치니 천둥이 화한다. 즉, 우레 소리에 맞추어 천지 만물이 함께 울린다는 뜻으로 자기주장 없이 남이 하는 대로 따라 감( = 雷同, 附和隨行, 隨衆逐隊, 阿附雷同, 阿附迎合, 旅進旅退, 追友江南).
- 曲學阿世(곡학아세) : 그릇된 학문으로 세상 사람에게 아첨함을 비유.
- 識字憂患(식자우환) : 글자를 아는 것이 도리어 근심을 사게 된다는 말.
- 指鹿爲馬(지록위마) : 사슴을 가리켜 말이라고 한다는 뜻으로 윗사람을 속이고 권세를 제 마음 대로 휘두르거나 사람을 속이려 억지를 쓰는 것을 비유.
- 養虎遺患(양호유환) : 호랑이를 길러 근심을 남긴다는 뜻으로 공연히 화근을 남겨 걱정거리를 산다는 의미.
- 得魚忘筌(득어망전) : 고기를 잡으면 통발을 잃어버린다는 말로 목표를 성취하면 옛일을 망각함.
- 巧言令色(교언영색) : 남의 환심을 사기 위해 아첨하는 교묘한 말과 보기 좋게 꾸미는 얼굴빛을 말함.
- 餘桃之罪(여도지죄) : 먹다 남은 복숭아를 먹인 죄라는 뜻으로 처음에는 총애하였으나 미워진 뒤에는 지난 일까지도 도리어 죄가 됨을 비유.
- 桀犬吠堯(걸견폐요) : 걸 임금의 개는 요임금을 보고도 짖는다는 뜻으로 주인이 포악하면 그를 따르던 사람이나 물건도 덩달아 사악해진다는 말.
- 彌縫策(미봉책) : 꿰매다, 빈 구석을 메우다, 모자란 곳을 때우고 잇는다는 의미로 시급한 일을 눈가림으로 대충 덮어두거나 임시변통으로 마련한 계책을 말함.

### (7) 人生의 虛無와 관계있는 故事成語

- 桑田碧海(상전벽해) : 뽕나무밭이 변하여 푸른 바다가 된다는 뜻으로 시세의 변화가 심함을 이름.
- 天旋地轉(천선지전) : 하늘은 돌고 땅이 구르는 것처럼 대자연의 법도가 떳떳함을 말함.
- 南柯一夢(남가일몽) : 남쪽 나무 가지의 꿈이란 뜻으로 한 때의 헛된 부귀영화나 인생이 덧없음을 비유.
- 一場春夢(일장춘몽) : 한 바탕의 봄꿈처럼 헛된 영화를 이름.
- 邯鄲之夢(한단지몽) : 한단에서의 꿈이란 뜻으로 인생의 榮古盛衰가 한 바탕의 꿈처럼 덧없다는 것을 비유하는 말(= 邯鄲夢枕, 盧生之夢, 一炊之夢, 黃粱之夢, 黃粱一炊夢).
- 巫山之夢(무산지몽) : 무산의 꿈을 뜻하는 말로 남녀 간의 은밀한 만남을 비유.
- 一炊之夢(일취지몽) : 이 세상의 富貴榮華가 덧없음을 비유.
- 白駒過隙(백구과극) : 흰 망아지가 문틈으로 지나가는 것을 보는 것처럼 세월이 빠름을 비유(白駒之過郤).
- 髀肉之嘆(비육지탄) : 오랫동안 전장에 나가지 않아 말을 타지 않은 관계로 허벅지에 살만 찐 것을 탄식한다는 뜻으로 영웅이 할 일없이 虛送歲月하면서 아무 공도 세우지 못함을 탄식함(= 脾肉之嘆, 髀肉復生, 髀肉重生, 撫髀興嘆, 拊髀興嗟, 脾裏肉生).
- 麥秀之嘆(맥수지탄) : 보리 싹이 빼어난 것을 보고 탄식한다는 뜻으로 망한 나라를 바라보며 탄식함을 비유(= 麥秀黍油, 麥秀之詩, 黍離麥秀之嘆).
- 隔世之感(격세지감) : 세대를 뛰어 넘은 것 같이 몹시 달라진 느낌.
- 天高馬肥(천고마비) : 하늘은 높고 말은 살찐다는 뜻으로 하늘이 맑고 모든 초목이 결실하는 가을을 이르는 말(= 秋高馬肥).
- 十日之菊(십일지국) : 핀지 열흘이 지난 국화꽃이란 뜻으로 영화가 쇠함을 이름.
- 送舊迎新(송구영신) : 묵은해를 보내고 새 해를 맞이함.
- 武陵桃源(무릉도원) : 신선이 살았다는 전설적인 곳. 곧 별천지.
- 空手來空手去(공수래공수거) : 사람이 세상에 났다가 헛되이 죽는 것을 일컬음.

### (8) 不屈의 意志와 관계있는 故事成語

- 百折不屈(백절불굴) : 백 번을 꺾어도 굽히지 않는다는 뜻으로 어떠한 난관에도 굽히지 않음을 비유(= 百折不撓, 百折不回, 不屈不撓).

- 百折不撓(백절불요) : 아무리 억눌려도 뜻을 굽히지 않음. 의지가 무척 강함을 이름.
- 七顚八起(칠전팔기) : 일곱 번 넘어져도 여덟 번 일어난다는 말로 수없이 실패해도 굽히지 않음을 비유.
- 鵬程萬里(붕정만리) : 붕조가 만 리를 날아간다는 뜻으로 머나먼 여로나 앞길이 아주 양양한 장래를 말할 때 씀(= 鵬鯤, 鵬圖).
- 吾舌尙在(오설상재) : "내 혀가 아직 살아 있소?"라는 뜻으로 비록 몸이 망가졌어도 혀만 살아 있으면 뜻을 펼 수 있다는 말이다.
- 愚公移山(우공이산) : 우공이 산을 옮긴다는 뜻으로 아무리 어렵고 큰일이라도 잔꾀를 부리지 않고 끊임없이 노력하면 결국에는 이루어진다는 것을 비유(= 移山倒海).
- 苦盡甘來(고진감래) : 쓴 것이 다하면 단 것이 온다는 뜻으로 고생 끝에 낙이 옴을 비유.
- 獨也靑靑(독야청청) : 홀로 고고히 푸르름을 자랑함.
- 刻骨難忘(각골난망) : 남의 은혜가 마음에 깊이 새겨져 잊혀 지지 아니함.
- 犬馬之勞(견마지로) : 개나 말 정도의 하찮은 힘이란 뜻으로 자기가 남을 위해 한 일에 대해 겸손을 표할 때 또는 임금이나 나라에 충성을 다하는 노력을 비유할 때 씀(= 犬馬之誠, 犬馬之心, 犬馬之役, 狗馬之心, 驅馳, 盡忠竭力).
- 堅忍不拔(견인불발) : 굳게 참고 견디어 마음을 뺏기지 않음.
- 結草報恩(결초보은) : 풀을 엮어서 은혜를 갚는다는 뜻으로 죽어서까지도 은혜를 잊지 않고 갚는다는 말.
- 櫛風沐雨(즐풍목우) : 바람으로 머리를 빗고 비로 몸을 씻는다는 뜻으로 긴 세월을 객지에서 떠돌며 갖은 고생을 다함.
- 風饌露宿(풍찬노숙) : 바람을 맞으며 음식을 먹고 이슬을 맞으며 잘 정도로 크게 고생함을 비유(= 風餐露宿).

### (9) 人間의 能力과 관계있는 故事成語

- 群鷄一鶴(군계일학) : 많은 닭 가운데의 한 마리 학이란 뜻으로 평범한 여러 사람들 가운데 뛰어난 한 사람이 섞여 있음을 비유(= 鷄群一鶴, 鷄群孤鶴).
- 鐵中錚錚(철중쟁쟁) : 많은 쇠 중에서 좋은 쇠 소리가 난다는 뜻으로 凡人보다 조금 뛰어난 사람을 비유.
- 傭中佼佼(용중교교) : 많은 일군 중에 훌륭한 사람이 섞어 있음을 일컫는 말.

- 糾糾武夫(규규무부) : 무부(珷玞)의 소리가 멀리 들린다는 뜻으로 사람의 이름이 크게 떨침을 비유.
- 股肱之臣(고굉지신) : 넓적다리와 팔뚝 같이 귀중한 신하를 말함. 곧 임금이 가장 믿는 중요한 신하를 이름.
- 社稷之臣(사직지신) : 나라의 安危를 맡은 중신을 말함.
- 棟梁之材(동량지재) : 기둥과 들보가 될 정도의 능력 있는 인물.
- 柱石之臣(주석지신) : 나라에 없어서는 안 될 가장 중요한 신하를 말함.
- 干城之材(간성지재) : 방패와 성처럼 나라를 위험에서 지킬만한 능력이 있는 신하.
- 爪牙之士(조아지사) : 맹수의 발톱이나 어금니처럼 힘 있고 중요한 신하를 말함.
- 毛遂自薦(모수자천) : 모수라는 사람이 자신을 천거함(因人成事).
- 木鷄之德(목계지덕) : 나무로 만든 닭과 같이 완전이 자신을 제어할 수 있는 능력 또는 주위에서 아무리 난리를 쳐도 겸손과 여유로 주변을 편하게 하는 사람을 비유.
- 經天緯地(경천위지) : 온 천하를 경륜하여 다스림.
- 聞一知十(문일지십) : 하나를 들으면 열을 안다는 뜻으로 총명하고 지혜로움을 이름.
- 靑出於藍(청출어람) : 쪽에서 나온 푸른 물감이 쪽보다 더 푸르다는 뜻으로 제자가 스승보다 뛰어남을 비유(= 靑出于藍).
- 後生可畏(후생가외) : 후배들을 두려워 할 만하다는 뜻으로 학문의 길에는 나이가 중요치 않음을 비유.
- 甲男乙女(갑남을녀) : '갑'이라는 남자와 '을'이라는 여자라는 뜻으로 평범한 보통 사람을 일컬음(= 匹夫匹婦, 張三李四, 樵童汲婦, 善男善女, 愚夫愚婦).
- 張三李四(장삼이사) : 중국에서 가장 흔한 성인 張氏의 셋째 아들과 李氏의 넷째 아들이란 뜻으로 신분도 없고 이름도 나지 않은 사람 곧 평범한 사람을 이름.
- 愚夫愚婦(우부우부) : 평범한 백성을 말함.
- 匹夫匹婦(필부필부) : 평범한 남녀를 이름.
- 樵童汲婦(초동급부) : 나무하는 아이와 물 긷는 아낙네라는 뜻으로 평범한 사람을 일컬음.

### (10) 幼兒와 관계있는 故事成語

- 呱呱聲(고고성) : 사람이 태어날 때 내는 첫 울음이란 뜻으로 힘찬 첫 출발을 알릴 때 씀.

- 孩提之童(해제지동) : 두서너 살 된 어린아이를 말함.
- 三尺童子(삼척동자) : 키가 삼척 밖에 안 되는 아이라는 뜻으로 철부지 어린애를 일컫는 말.
- 弄璋之慶(농장지경) : 아들을 낳으면 구슬을 선물했다는 고사에서 유래된 말로 아들을 낳은 경사를 이름.
- 弄瓦之慶(농와지경) : 딸을 낳으면 실패를 선물했다는 고사에서 유래된 말로 딸을 낳은 경사를 이름.
- 掌中寶玉(장중보옥) : 손안의 보석처럼 귀한 자식을 말함.
- 金枝玉葉(금지옥엽) : 금으로 된 가지와 옥으로 된 잎이라는 뜻으로 임금의 집안과 자손 또는 아주 귀한 자식을 일컬을 때 씀.

### (11) 女子와 관계있는 故事成語

- 傾國之色(경국지색) : 나라를 위태롭게 할 정도로 아름다운 여자를 비유(= 傾國).
- 傾城之美(경성지미) : 성을 기울이고 나라를 망하게 할 정도로 요염한 절세의 미인을 일컬음(= 傾城之色, 傾城)
- 花容月態(화용월태) : 꽃다운 얼굴과 달 같은 자태라는 뜻으로 아름다운 여인을 일컫는 말.
- 丹脣皓齒(단순호치) : 붉은 입술과 하얀 이라는 뜻으로 미인의 용모를 말함(= 朱脣皓齒).
- 沈魚落雁(침어낙안) : 물고기를 잠기게 하고 기러기를 떨어뜨릴 정도로 아름다운 여인을 비유.
- 三從之道(삼종지도) : 여자는 어려서는 아버지를, 출가하여서는 남편을, 늙어서는 자식을 따라야 한다는 말.
- 七去之惡(칠거지악) : 아내를 내쫓는 일곱 가지 이유. 不順舅姑去, 無子去, 淫去, 妒去, 有惡疾去, 多言去, 竊盜去
- 三不去(삼불거) : 칠거의 아내라도 버리지 못하는 세 가지 경우를 말함. 즉 부모의 거상을 마친 후(與更三年喪), 빈천하다가 뒤에 부귀하게 된 경우(先貧賤 後富貴), 보내도 갈 곳이 없는 경우(有所取 後不歸).
- 糟糠之妻(조강지처) : 지게미와 겨를 같이 먹은 아내라는 뜻으로 고생을 함께 한 아내를 말함.
- 佳人薄命(가인박명) : 아름다운 여자는 명이 짧고 운수가 사나움을 비유(= 美人薄命).

- 綠衣紅裳(녹의홍상) : 초록 저고리와 다홍치마라는 뜻으로 젊은 여자가 곱게 입은 의상을 말함.
- 纖纖玉手(섬섬옥수) : 보드랍고 고운 여자의 손을 말함.
- 絕代佳人(절대가인) : 비할 데 없이 아름다운 여자(= 絕世佳人, 絕世美人, 絕代花容).
- 雪膚花容(설부화용) : 눈같이 흰 살과 꽃 같은 얼굴이라는 뜻으로 미임을 말함.

### (12) 戰爭과 관계있는 故事成語

- 乾坤一擲(건곤일척) : 하늘과 땅을 걸고 주사위를 던진다는 뜻으로 나라의 운명과 흥망을 걸고 단판 승부를 내는 것을 일컫는 말.
- 臥薪嘗膽(와신상담) : 섶나무 장작더미에서 자고 쓴 쓸개를 씹는다는 뜻으로 원수를 갚기 위해 온갖 고초를 참고 견디는 것을 비유. 越王 句踐과 吳王 夫差의 숙명 적인 대결에서 유래한 말.
- 背水之陣(배수지진) : 적과 싸울 때 강이나 바다를 등지고 치는 진이라는 뜻으로 어떤 일에 필사의 각오로 대처하는 것을 말함.
- 捲土重來(권토중래) : 흙먼지를 말아 일으키며 다시 쳐들어온다는 뜻으로 한 번 실패한 뒤에 세력을 회복하여 다시 쳐들어옴을 비유.
- 烏合之卒(오합지졸) : 까마귀를 모아놓은 듯 시끄럽고 무질서한 군졸들. 즉 임시로 모집한 훈련이 안된 병력(= 烏合之衆).
- 骨肉相爭(골육상쟁) : 뼈와 살이 싸운다는 뜻으로 가까운 친척끼리 서로 다툼을 이름(= 骨肉相戰, 同族相殘).
- 山戰水戰(산전수전) : 세상의 온갖 고생과 어려움을 다 겪어 경험이 많음을 비유.
- 一敗塗地(일패도지) : 한 번 패함에 뇌와 오장이 진흙 창에서 뒹굴게 된다는 뜻으로 성한 곳 이 한 군데도 없을 정도로 싸움에서 크게 패한 것을 가리키는 말.
- 百戰百勝(백전백승) : 백 번 싸워서 백 번 다 이긴다는 뜻으로 싸울 때마다 모두 승리함을 이름.
- 百戰不殆(백전불태) : 백 번 싸워 백 번 모두 위태롭지 않다는 뜻.
- 臨戰無退(임전무퇴) : 싸움에 나아가 물러서지 않음.
- 馬革裹屍(마혁과시) : 말가죽으로 시체를 싼다는 뜻으로 싸움터에서 적과 싸우다 죽음을 비유.
- 孤軍奮鬪(고군분투) : 수적으로 열세인 군대가 힘겨운 적을 맞이하여 용감히 싸움. 또

는 약한 힘으로 남의 도움도 없이 힘겨운 일을 해나감.

- 多多益善(다다익선) : 많으면 많을수록 좋음(= 多多益辯).
- 四面楚歌(사면초가) : 사방에서 초나라의 노래가 들려온다는 뜻으로 적에게 사면이 포위되어 진퇴양난의 곤경에 빠졌을 때를 비유.
- 逐鹿之戰(축록지전) : 중원의 사슴을 쫓는 전투라는 뜻으로 천하를 차지하기 위한 싸움을 이름.

### (13) 人生의 變化와 관계있는 故事成語

- 進退兩難(진퇴양난) : 나아갈 수도 없고 물러갈 수도 없는 어려운 입장을 비유(= 進退維谷).
- 一觸卽發(일촉즉발) : 한 번 닿으면 곧 터진다는 뜻으로 위기가 절박한 모양을 말함.
- 累卵之勢(누란지세) : 알을 쌓아 놓은 형세라는 뜻으로 아주 조급하고 위험한 상태에 처해 있는 것을 말함(= 累卵之危).
- 百尺竿頭(백척간두) : 아주 높은 장대 끝에 오른 것과 같이 더 할 수 없이 위태하고 어려운 상태나 지경에 빠짐.
- 風前燈火(풍전등화) : 바람 앞의 등불이란 뜻으로 사물이 아주 위험한 상태에 있음을 말함.
- 命在頃刻(명재경각) : 금방 숨이 끊어질 지경에 이름. 즉, 거의 죽게 됨.
- 危機一髮(위기일발) : 조금도 여유가 없는 위급한 상황에 다다른 순간.
- 焦眉之急(초미지급) : 불길이 눈썹을 태울 지경이라는 뜻으로 매우 위급한 상황을 일컬음.
- 康衢煙月(강구연월) : 한가한 거리에 밥 짓는 연기 피어오르는 달밤이라는 뜻으로 太平聖代를 가리킴.
- 鼓腹擊壤(고복격양) : 배를 두드리고 땅을 구르며 흥겨워한다는 뜻으로 의식이 풍부하여 안락한 삶을 영위하는 태평성대를 말함.
- 比屋可封(비옥가봉) : 늘어선 집마다 모두 표창해야 할 정도로 잘 다스려지는 세상.
- 太平聖代(태평성대) : 어진 임금이 나라를 잘 다스려 태평한 세상.
- 含飽鼓腹(함포고복) : 배불리 먹고 즐겁게 지냄. 즉, 태평성대를 이름(= 含哺鼓腹).
- 不俱戴天之讐(불구대천지수) : 함께 하늘을 이고 살 수 없는 원수라는 뜻으로 반드시 죽여야 할 철천지원수를 가리키는 말.

- 雲泥之差(운니지차) : 하늘의 구름과 땅의 진흙처럼 큰 차이가 있음.
- 百年偕老(백년해로) : 부부가 서로 사이좋고 즐겁게 함께 늙음.
- 偕老同穴(해로동혈) : 부부가 늙도록 같이 살고 죽어서는 같은 땅에 묻힘.
- 琴瑟相和(금슬상화) : 부부가 서로 화합함을 이름.
- 桂玉之嘆(계옥지탄) : 땔감 구하기가 계수나무 구하는 것처럼 어렵고 식량이 옥처럼 귀하다는 뜻으로 생활이 곤궁함을 말함.
- 三旬九食(삼순구식) : 삼십일 동안 아홉 번밖에 먹지 못한다는 말로 몹시 가난함을 이름.
- 截髮易酒(절발역주) : 부인의 머리를 잘라 술과 바꾸어 올 정도로 가난한 살림살이.
- 南負女戴(남부여대) : 남자는 지고 여자는 인다는 뜻으로 가난한 사람이 떠돌아다니며 사는 모양을 이름.
- 十匙一飯(십시일반) : 열 술이 모아지면 한 사람 먹을 밥이 된다는 뜻으로 여러 사람이 힘을 합하면 한 사람을 구제하기가 쉽다는 의미(= 十匙一飯, 還成一飯).
- 孤掌難鳴(고장난명) : 한 쪽 손바닥으로는 소리를 내기 어렵다는 뜻으로 혼자서는 일을 성사 시키기 어려움을 비유.
- 賊反荷杖(적반하장) : 도둑이 매를 든다는 뜻으로 잘못한 사람이 오히려 시비나 트집을 잡는 경우를 말함.
- 主客顚倒(주객전도) : 사물의 輕重, 先後, 緩急의 순서가 뒤바뀜.
- 天崩之痛(천붕지통) : 하늘이 무너지는 것과 같은 슬픔이란 뜻으로 아버지가 돌아가심을 말함.
- 叩盆之痛(고분지통) : 항아리를 두드리고 노래하며 느끼는 슬픔. 곧 아내의 죽음을 말함.
- 鷄鳴拘盜(계명구도) : 얕은꾀로 남을 속임.
- 尸位素餐(시위소찬) : 직책을 다하지 않고 자리만 차지하여 녹만 받아먹는 일.
- 脣亡齒寒(순망치한) : 입술이 없으면 이가 시리다는 뜻으로 서로 의지하는 사이에 있어 하나가 망하면 다른 하나도 온전하지 못함을 비유.
- 殃及池魚(앙급지어) : 재앙이 뜻하지 않게 아무런 죄도 없는 연못의 고기들에게까지 미친다는 뜻으로 이유 없이 화를 당하게 되는 것을 말함.
- 梁上君子(양상군자) : 대들보 위의 군자라는 뜻으로 도둑을 비유.
- 牛溲馬勃(우수마발) : 쇠오줌과 말 방귀라는 뜻으로 가치 없는 말이나 글 또는 천한

물건을 비유.

- 燈下不明(등하불명) : 등잔 밑이 어둡다는 뜻으로 가까이 있는 것이나 가까이에서 일어나는 일은 오히려 먼 데 있는 것보다 알기 어렵다는 의미.
- 畵中之餠(화중지병) : 그림 속의 떡이란 뜻으로 아무 소용이 없는 것을 이름.
- 螳螂拒轍(당랑거철) : 사마귀가 수레를 멈추려 한다는 뜻으로 제 분수도 모르고 덤벼드는 어리석음을 비유.
- 門前成市(문전성시) : 권세가나 부자 집 문 앞이 방문객으로 붐벼 저자를 방불케 한다는 의미(= 門前如市, 門庭如市).
- 喪家之狗(상가지구) : 초상집의 개 신세라는 뜻으로 여의고 기운 없이 초라한 꼴로 이리저리 얻어먹을 것을 찾아 기웃거리는 사람을 멸시하여 일컫는 말.
- 首鼠兩端(수서양단) : 구멍에서 머리를 내밀고 나갈까 말까 망설이고 있는 쥐라는 말로 양 다리를 걸친 채 정세를 살피고 있는 상태나 애매한 태도를 가리킨다.
- 因人成事(인인성사) : 남의 힘으로 일을 이루었다는 뜻으로 조나라의 모수와 관련된 고사에서 유래.
- 自暴自棄(자포자기) : 자신을 학대하는 자와 스스로 자신을 내던져버리는 자라는 뜻으로 몸가짐이나 행동을 아무렇게나 하여 자신을 돌보지 않는 것을 일컫는다.
- 左顧右眄(좌고우면) : 왼쪽을 바라보고 오른쪽을 돌아본다는 뜻으로 옆을 둘러보기만 하고 일을 결정짓지 못함을 이름.
- 輾轉反側(전전반측) : 이리저리 뒤척이며 잠 못 이루는 모양을 뜻함. 곧 배필을 사모하는 마음에 밤새도록 뒤척이며 잠 못 이루는 모양을 말함.
- 轍鮒之急(철부지급) : 수레바퀴 자국에 고여 있는 거의 말라 가는 물에서 괴로워하는 붕어라는 뜻으로 생활에 몹시 쪼들린 사람이나 위급한 일이 눈앞에 닥친 사람을 비유(= 焦眉之急).
- 狐假虎威(호가호위) : 여우가 범의 위세를 빌어 다른 짐승을 놀라게 한다는 뜻으로 남의 권세를 이용 위세 부리는 것을 비유.
- 風飛雹散(풍비박산) : 바람에 날리어 안개가 흩어지듯 한꺼번에 흩어짐을 비유.
- 寸鐵殺人(촌철살인) : 한 치밖에 안 되는 쇠붙이로 사람을 죽인다는 뜻으로 짤막한 경구로 사람의 의표를 찔러 핵심을 꿰뚫는 것을 비유.
- 牽强附會(견강부회) : 이치에 맞지 않는 것을 자기편에 유리하도록 억지로 둘러맞춤.

- 結者解之(결자해지) : 맺은 자가 풀어야 한다는 말로 자지가 저지른 일은 자기가 해결해야 한다는 의미.
- 首丘初心(수구초심) : 여우는 죽을 때 머리를 자기가 살던 언덕 쪽을 향하고 죽는다는 뜻으로 근본을 잊지 않거나 또는 고향을 생각하는 것을 일컫는 말이다.
- 乞人憐天(걸인련천) : 거지가 하늘을 불쌍히 여긴다는 말로 자기 분수에 맞지 않는 언행을 비유.
- 鯨戰鰕死(경전하사) : 고래 싸움에 새우가 죽는다는 뜻으로 강자가 싸우는 틈에 끼여 약자가 아무 상관없이 화를 당하는 것을 비유.
- 簞食瓢飮(단사표음) : 한 광주리의 밥과 한 표주박의 물이란 뜻으로 가난한 생활을 의미.
- 善游者溺(선유자익) : 헤엄을 잘 치는 자가 익사한다는 뜻으로 자기의 능한 바를 믿다가 도리어 위험이나 재난에 빠지는 것을 이름.
- 近墨者黑(근묵자흑) : 먹을 가까이 하면 검어진다는 뜻으로 악한 사람을 가까이 하면 그 버릇이 물들기 쉽다는 말.
- 近朱者赤(근주자적) : 붉은 것에 가까이 하면 붉어진다는 뜻으로 사람이 그 환경에 따라 변해 감을 일컬음.
- 秉燭夜遊(병촉야유) : 밤에도 촛불을 잡고 꽃구경을 하며 논다는 뜻.
- 鳶飛魚躍(연비어약) : 솔개가 하늘로 나는 것이나 물고기가 못에서 뛰는 것은 모두 자연스러운 道의 작용이어서 새나 물고기가 스스로 체득한 것이라는 뜻으로 대자연의 이치 곧 조화가 우주에 펼쳐져 있음을 말함.

  또는 군자의 덕이 세상에 널리 미친 상태를 의미.
- 堤潰蟻穴(제궤의혈) : 큰 둑도 개미구멍으로 인하여 무너짐.
- 吐哺握髮(토포악발) : 밥을 먹다가도 그 밥을 토해내고, 머리를 감다가도 머리를 움켜쥐고 뛰어나올 정도로 어진 선비를 맞이함(= 吐哺捉髮).
- 鷄口牛後(계구우후) : 닭의 부리가 될지언정 쇠꼬리는 되지 말라는 뜻으로 큰 집단의 말석 보다는 작은 집단의 우두머리가 낫다는 말.
- 拈華微笑(염화미소) : 석가모니가 영취산에서 설법을 할 때 말없이 연꽃을 집어 들고 제자들에게 어떤 뜻을 암시하니 오직 迦葉만이 그 뜻을 알고 소리 없이 미소를 지었다는 말에서 유래된 것으로 문자와 말에 의하지 않고 마음에서 마음으로 전하는 일을 일컬음(= 拈華示衆, 不立文字, 敎外別傳, 以心傳心, 心心相印).

- 以心傳心(이심전심) : 말이나 글에 의하지 않고 마음에서 마음으로 전함.
- 不立文字(불립문자) : 문자로써 세우지 않는다는 뜻으로 말과 문자에 의하지 않고 마음에서 마음으로 전함을 의미.
- 敎外別傳(교외별전) : 禪宗에서 석가가 문자나 말에 의하지 않고 마음으로써 심원한 뜻을 전함. 즉 마음으로 전하는 가르침을 말함.
- 理判事判(이판사판) : 원래 이판과 사판은 불교 교단을 크게 양분해서 부르던 명칭이었다. 즉, 이판은 주로 교리를 연구하고 수행에 주력하면서 득도의 길을 걸었던 학승을 말하고 사판은 수행에도 힘쓰지만 아울러 사찰의 행정업무나 살림 살이 일체를 돌보던 사람들을 일컫는 말이었다.

  그러던 것이 차츰 교구가 확장되고 사찰마다 주지가 책임자가 되는 제도가 정착되면서 묘한 문제가 일어났다. 어떤 사찰에는 이판 출신의 승려가 주지가 되고 어떤 사찰에는 사판 출신의 승려가 주지가 되는 일이 생겼기 때문이다. 산사를 찾는 승려가 들어가면 대뜸 물어 보는 것이 이 판인가 사판인가 하는 것이었다. 때문에 산사를 찾는 승려들은 그 산사의 주지가 이판승 출신인지 사판승 출신인지를 잘 알아두는 것이 처신 에도 유리했던 것이다. 이런 연유로 해서 '이판사판'이라는 성구가 나오게 되었다.

  오늘날에는 원 유래와 상관없이 상태가 막다른 곳에 다다라 더 이상 어쩔 수가 없게 되었을 때 자포자기 하는 기분으로 결정을 내리는 것을 이르는 말로 쓰인다.
- 惹壇法席(야단법석) : 원래의 의미는 들판에 설치한 단 위의 부처님이 설법하는 자리를 말한다. 그랬던 것이 부처님이 설법을 하게 되면 수많은 대중들이 들판으로 모여들어 떠들썩했기 때문에 많은 사람들이 모여 부산을 떠는 것을 이렇게 표현하였다.
- 紅一點(홍일점) : 푸른 잎 가운데 한 송이 붉은 꽃이 피어 있다는 뜻으로 많은 남자들 사이에 있는 여자를 가리킴.
- 嚆矢(효시) : 크게 우는소리를 내는 신호용 화살을 말하는 것으로 옛날 開戰의 신호로 먼저 우는 화살을 적진에 쏘았다는 고사에서 유래. 일의 맨 처음을 뜻함.
- 濫觴(남상) : 양자강 같은 큰 강도 근원을 따라 올라가면 술잔을 띄울 만한 細流라는 뜻에서 유래. 즉 잔을 띄울 정도의 작은 샘이라는 뜻으로 사물의 연원을 말함.
- 人生不滿百常懷千歲憂(인생불만백상회천세우) : 백년도 살수가 없는데 언제나 천 년 근심을 안고 산다.

### (14) 言語와 관계있는 故事成語

- 街談巷說(가담항설) : 거리에 떠돌아다니는 뜬소문.
- 道聽塗說(도청도설) : 길에서 들은 것을 그대로 다른 사람에게 전한다는 뜻으로 거리의 뜬소문을 말함.
- 三人成虎(삼인성호) : 세 사람이면 호랑이도 만들어낸다는 뜻으로 한두 사람이 거리에 호랑이가 나타났다고 하면 곧이듣지 않아도 세 사람이 그렇게 말하면 참말로 믿는다는 것을 이르는 말. 근거 없는 말이라도 여러 사람이 하면 곧이듣는다는 의미.
- 曾參殺人(증삼살인) : 증삼이 사람을 죽였다는 뜻으로 허튼 소문을 사람들이 믿게 되는 것을 비유하는 말로 사람들이 거듭 괴상한 말을 퍼뜨려 남을 모해하는 것을 가리킨다.
- 言語道斷(언어도단) : 말문이 막혔다는 뜻으로 너무 어이없어서 말하려 해도 할 수 없음을 비유.
- 言中有骨(언중유골) : 말속에 뼈가 있다. 즉 예사로운 말 가운데 속뜻이 들어 있음을 비유.
- 衆口鑠金(중구삭금) : 뭇 사람의 말은 쇠와 같은 단단한 것도 녹인다는 뜻으로 여러 사람의 말이 무서움을 비유.
- 衆口難防(중구난방) : 여러 사람의 입에서 나오는 말은 다 막기 어려움.
- 重言附言(중언부언) : 한 말을 자꾸 되풀이 함.
- 靑山流水(청산유수) : 말이 막힘이 없이 잘하는 것을 비유.
- 萬口成碑(만구성비) : 많은 사람이 칭찬하는 것은 송덕비를 세움과 같다는 뜻.
- 守口如甁(수구여병) : 입을 병마개처럼 지킨다는 뜻으로 말을 몹시 삼가 함.
- 口是禍之門(구시화문) : 입은 화가 들어오는 문이라는 뜻으로 말을 항상 조심함을 비유.
- 舌芒於劍(설망어검) : 혀는 칼보다 껄끄럽다는 뜻으로 입에서 나오는 말이 칼보다 날카로움을 비유( = 舌芒于劍).
- 流言蜚語(유언비어) : 흘러가는 말과 날아다니는 말이라는 뜻으로 근거 없이 떠돌아다니는 헛소문(= 浮言浪說, 浮言流說).
- 口禍之門(구화지문) : 입은 재앙의 문이라는 뜻으로 입 조심할 것을 경계하는 말.
- 獅子喉(사자후) : 기운차게 썩 잘하는 연설이나 질투하는 아내가 남편에게 발악하는 것을 비유. 또는 부처님의 한 번 설법에 뭇 악마가 굴복 · 귀의함을 이름.
- 食言(식언) : 약속한 말을 지키지 않음.

- 男兒一言重千金(남아일언중천금) : 남자의 말 한마디는 천금의 가치가 있다는 말.

## (15) 우리나라에서 만들어진 故事成語

- 鷄卵有骨(계란유골) : 달걀에도 뼈가 있다는 뜻으로 노상 운수가 나쁜 사람은 모처럼 좋은 기회를 얻었지만 그 일마저도 잘 안됨을 일컬을 때 씀.
- 龜兎之說(구토지설) : 거북과 토끼 사이의 얘기라는 뜻으로 제 분수를 모르고 날뛰는 사람은 큰 화를 당한다는 교훈적인 의미와 또 어떤 위기에 처했을 때에는 당황 하지 말고 기지를 발휘하여 그 순간을 모면하라는 설교적인 의미를 지닌말.
- 卵上加卵(난상가란) : 계란 위에 계란을 포개어 놓는다는 뜻으로 불가능한 일이나 지극한 정성을 의미한다. 정성이 지극하면 천지도 감읍한다는 것을 비유.
- 南北風塵(남북풍진) : 남쪽과 북쪽에서 일어나는 바람과 티끌을 뜻하는 말로 전쟁을 지칭하는 성어.
- 鷺窺魚事(노규어사) : 해오라비가 아무런 사심 없이 평화롭게 노니는 물고기를 엿본다는 뜻으로 힘 있는 자가 힘없는 자를 一刀兩斷하기 위해 기회를 호시탐탐 엿보고 있음을 의미.
- 百年之客(백년지객) : 우리 속담에 사위는 백년손님이요, 며느리는 종신 식구라는 말이 있다.
- 鼻長必踐(비장필천) : 고삐가 길면 밟힌다는 뜻으로 옳지 못한 일을 오랫동안 계속하면 반드시 탄로가 난다는 것을 의미.
- 四十初襪(사십초말) : 갓 마흔에 첫 버선이란 뜻으로 나이 들어서 늦게야 오랫동안 바라던 일을 처음으로 하게 되었을 때 쓰는 말.
- 上元之犬(상원지견) : 대보름날의 개 신세라는 뜻으로 명절이라서 잘 먹고 지내야 하는 데 오히려 좋은 음식은 아무 것도 먹지 못하고 보낼 때, 또는 굶어서 배가 고플 적에 쓰는 말(= 上元犬).

  대보름날 개에게 먹이를 주면 개가 마를 뿐만 아니라 파리가 꼬여서 더러워진다고 믿었기 때문에 대보름날이라 먹을 것이 많음에도 불구하고 개에게는 아무 것도 주지 않는 풍습에서 유래.
- 膝行馬矢(슬행마시) : 슬행(膝行)이란 무릎으로 기는 것을 말하고 마시(馬矢)는 말똥을 일컫는 말이다. 그러므로 이 둘을 합친 슬행마시는 제 이익을 위해서는 지조와 체면도 불구하고 누구에게나 아첨하는 것을 뜻한다.

- 烏飛梨落(오비이락) : 까마귀 날자 배 떨어진다는 뜻으로 아무 관계도 없이 한 일이 공교롭게도 동시에 일어나 다른 일과 관련이 있는 것처럼 혐의를 받게 됨을 비유.
- 牛入鼠穴(우입서혈) : 소가 쥐구멍에 들어간다는 뜻으로 있을 수 없는 불가능한 일, 또는 무엇이 이치나 사리에 전혀 맞지 않을 때 쓰는 말.
- 好古破産(호고파산) : 옛 것을 지나칠 정도로 좋아하면 재산을 다 날린다는 뜻으로 별로 필요 하지도 중요하지도 않는 일에 지나친 신경을 기울이면 결국 신세만 망치는 결과가 된다는 의미.
- 咸興差使(함흥차사) : 함흥으로 보낸 사신이란 뜻으로 심부름 간 사람이 통 소식이 없을 때를 비유.
- 半在江中(반재강중) : 몸의 반은 강에 있다는 말로서 지독히도 재수 없는 상황을 말하거나 어떤 위험스런 상황을 완전히 벗어나지 못한 상태를 비유.
- 紅裳教妻(홍상교처) : 자기 아내의 버릇은 다홍치마 입은 새색시 적에 바로 잡아야 한다는 뜻(= 紅裙).
- 興伊恒伊(흥이항이) : 누가 흥이야 항이야 하랴는 말로 자신과는 전혀 관계없는 남의 일에 이래라 저래라 할 수 없다는 의미.
- 釜底笑鼎底(부저소정저) : '가마(가마솥의 준말) 밑이 노구솥 밑을 검다 한다'는 뜻으로 제 허물이 큰 것은 모르고 남의 작은 허물을 들추어내어 비웃고 흉볼 때 쓰는 말
- 琵琶者舞 枷者亦舞(비파자무 가자역무) : 거문고 인 놈이 춤을 추니 칼 쓴 자도 춤을 춘다는 뜻으로 거문고와 형틀인 칼이 비슷한 고로 남이 한다고 해서 죄인임에도 불구하고 함부로 흉내를 내어 한다는 것을 이름.

  곧 저는 할 만한 처지가 못 되는 데도 남이 하니까 덩달아 하는 것을 말함.
- 高麗公事三日(고려공사삼일) : 고려의 공사는 고작해야 사흘밖에 가지 못한다는 뜻으로 우리  나라 사람들은 무슨 일을 하든지 계획성이 없고 참고 견디는 힘이 부족하여 오래 못 가서 본래의 계획을 자주 변경한다는 말에서 유래.
- 死後藥方文(사후약방문) : 상여 뒤에 약방문이라는 말로 평소에는 방비를 소홀히 하다가 실패한 후에야 뒤늦게 대비하는 것, 또는 일을 다 그르친 후임으로 무엇을 해도 소용이 없다는 뜻.
- 三歲之習 至于八十(삼세지습 지우팔십) : 세 살 버릇 여든까지 간다는 뜻으로 어릴 때의 버릇은 늙도록 고치기 어렵다는 말.

# 2부

# 한문의 이해

연습편

## 04
# 한자어(漢字語)

## 1. 한자어(漢字語)

| 覺 | 悟 | 覺 | 悟 |
|---|---|---|---|
| 깨달을 각 | 깨달을 오 | | |
| (見,13) | (忄,7) | | |

| 看 | 過 | 看 | 過 |
|---|---|---|---|
| 볼 간<br>지킬 간 | 지날 과 | | |
| (目,4) | (辶,9) | | |

| 簡 略 | 簡 | 略 |
|---|---|---|
| 편지 간 / 간략할 간 (竹,12) | 줄일 략 / 빼앗을 략 (田,6) | |

| 幹 部 | 幹 | 部 |
|---|---|---|
| 줄기 간 / 등뼈 간 (干,10) | 나눌 부 / 거느릴 부 (邑,8) | |

| 奸 邪 | 奸 | 邪 |
|---|---|---|
| 간사할 간 (女,3) | 간사할 사 (阝,4) | |

| 懇 切 | 懇 | 切 |
|---|---|---|
| 정성 간 (心,13) | 끊을 절 (刀,2) | |

| 鑑 賞 | 鑑 | 賞 |
|---|---|---|
| 거울 감 / 볼 감 (金,14) | 즐길 상 / 상줄 상 (貝,8) | |

| 監 獄 | 監 | 獄 |
|---|---|---|
| 볼 감 (皿,9) | 옥 옥 (犭,10) | |

| 剛 | 直 |
|---|---|
| 굳셀 강 | 곧을 직 |
| (刂,8) | (目,3) |

| 鋼 | 鐵 |
|---|---|
| 강철 강 | 쇠 철 |
| (金,8) | (金,13) |

| 介 | 入 |
|---|---|
| 끼일 개 | 들 입 |
| (人,2) | (入,0) |

| 開 | 拓 |
|---|---|
| 열 개 | 열 척 |
| (門,4) | (扌,5) |

| 慨 | 歎 |
|---|---|
| 분개할 개 | 탄식할 탄 |
| (忄,11) | (欠,11) |

| 改 | 革 |
|---|---|
| 고칠 개 | 고칠 혁<br>가죽 혁 |
| (攵,3) | (革,0) |

| 距 離 | 距 | 離 |
|---|---|---|
| 떨어질 거 떠날 리<br>(足,5) (隹,11) | | |

| 拒 否 | 拒 | 否 |
|---|---|---|
| 막을 거 아닐 부<br>맛설 거 막힐 비<br>(扌,5) (口,4) | | |

| 健 康 | 健 | 康 |
|---|---|---|
| 굳셀 건 편안할 강<br>건강할 건<br>(亻,9) (广,8) | | |

| 絹 織 | 絹 | 織 |
|---|---|---|
| 명주 견 짤 직<br>(糸,7) (糸,12) | | |

| 缺 席 | 缺 | 席 |
|---|---|---|
| 이지러질 결 자리 석<br>(缶,4) (巾,7) | | |

| 謙 讓 | 謙 | 讓 |
|---|---|---|
| 겸손할 겸 사양할 양<br>(言,10) (言,17) | | |

| 兼 職 | 兼 | 職 |
|---|---|---|
| 겸할 겸 (八,8) / 직분 직 (耳,12) | | |

| 警 戒 | 警 | 戒 |
|---|---|---|
| 경계할 경 (言,13) / 경계할 계 (戈, 3) | | |

| 敬 老 | 敬 | 老 |
|---|---|---|
| 공경 경 (攴,9) / 늙을 로 (老, 0) | | |

| 經 濟 | 經 | 濟 |
|---|---|---|
| 경서 경, 지날 경 (糸,7) / 건널 제 (水,14) | | |

| 啓 蒙 | 啓 | 蒙 |
|---|---|---|
| 열 계, 일깨울 계 (口,8) / 어릴 몽, 입을 몽 (++,10) | | |

| 契 約 | 契 | 約 |
|---|---|---|
| 맺을 계 (大,6) / 맺을 약, 약속할 약 (糸,3) | | |

| 枯 | 渴 |
|---|---|
| 마를 고 | 목마를 갈 |
| (木,5) | (水,9) |

| 孤 | 獨 |
|---|---|
| 외로울 고 | 홀로 독 |
| (子,5) | (犬,13) |

| 考 | 慮 |
|---|---|
| 상고할 고<br>헤아릴 고 | 생각할 려 |
| (老,2) | (忄,11) |

| 高 | 麗 |
|---|---|
| 높을 고<br>비살 고 | 고울 려<br>나라이름 려 |
| (高,0) | (鹿,8) |

| 孤 | 立 |
|---|---|
| 외로울 고 | 설 립 |
| (子,5) | (立,0) |

| 古 | 稀 |
|---|---|
| 예 고 | 드물 희 |
| (口,2) | (禾,7) |

| 攻 | 擊 |
|---|---|
| 칠 공 | 칠 격 |
| (攵,3) | (手,13) |

| 供 | 給 |
|---|---|
| 이바지할 공 | 줄 급 |
| (亻,6) | (糸,6) |

| 恐 | 怖 |
|---|---|
| 두려울 공 | 두려워 할 포 |
| (心,6) | (忄,5) |

| 貢 | 獻 |
|---|---|
| 바칠 공 | 바칠 헌 |
| (貝,3) | (犬,16) |

| 關 | 係 |
|---|---|
| 빗장 관<br>닫을 관 | 맬 계 |
| (門,11) | (亻,7) |

| 觀 | 光 |
|---|---|
| 볼 관<br>생각 관 | 빛 광 |
| (見,18) | (儿,4) |

| 寬 待 | 寬 | 待 |
|---|---|---|
| 너그러울 관 / 기다릴 대 | | |
| (宀,12) / (彳,6) | | |

| 慣 例 | 慣 | 例 |
|---|---|---|
| 익숙할 관, 버릇 관 / 법식 례, 보기 례 | | |
| (忄,11) / (亻,6) | | |

| 貫 通 | 貫 | 通 |
|---|---|---|
| 꿸 관 / 통할 통 | | |
| (貝,4) / (辶,7) | | |

| 怪 狀 | 怪 | 狀 |
|---|---|---|
| 기이할 괴 / 형상 상 | | |
| (忄,5) / (犬,4) | | |

| 郊 外 | 郊 | 外 |
|---|---|---|
| 성밖 교 / 바깥 외 | | |
| (⻏,6) / (夕,2) | | |

| 交 替 | 交 | 替 |
|---|---|---|
| 바꿀 교, 사귈 교 / 바꿀 체 | | |
| (亠,4) / (曰,8) | | |

| 具 | 備 |
|---|---|
| 갖출 구 | 갖출 비 |
| (八,6) | (亻,10) |

| 構 | 想 |
|---|---|
| 얽을 구 | 생각 상 |
| (木,10) | (心,9) |

| 拘 | 束 |
|---|---|
| 잡을 구 | 묶을 속 |
| (扌,5) | (木,3) |

| 區 | 域 |
|---|---|
| 지경 구 | 지경 역 |
| (匸,9) | (土,8) |

| 國 | 際 |
|---|---|
| 나라 국 | 사이 제<br>사귈 제 |
| (口,8) | (阝,11) |

| 屈 | 伏 |
|---|---|
| 굽을 굴<br>다할 굴 | 엎드릴 복<br>숨을 복 |
| (尸,5) | (亻,4) |

鬼 神

귀신 귀 귀신 신

(鬼,0) (示,5)

貴 賤

귀할 귀 천할 천

(貝,5) (貝,8)

規 模

법 규 법 모

(見,4) (木,11)

龜 裂

틀 균 찢을 렬
거북 귀 터질 렬

(龜,0) (衣,6)

均 衡

고를 균 저울대 형
평평할 균 가로 횡

(土,4) (行,10)

勤 務

부지런할 근 힘쓸 무

(力,11) (力,9)

| 謹 | 愼 |
|---|---|
| 삼갈 근 | 삼갈 신 |
| (言,11) | (忄,10) |

| 禽 | 獸 |
|---|---|
| 날짐승 금<br>사로잡을 금 | 짐승 수<br>길짐승 수 |
| (内,8) | (犬,13) |

| 琴 | 瑟 |
|---|---|
| 거문고 금 | 큰 거문고 슬 |
| (玉,8) | (玉,9) |

| 肯 | 定 |
|---|---|
| 즐길 긍 | 정할 정 |
| (月,4) | (宀,5) |

| 紀 | 綱 |
|---|---|
| 벼리 기 | 벼리 강 |
| (糸,3) | (糸,8) |

| 祈 | 禱 |
|---|---|
| 빌 기 | 빌 도 |
| (示,4) | (示,14) |

| 記 錄 | 記 | 錄 |
|---|---|---|
| 기록할 기 / 적을 기 · 기록할 록 / 문서 록 | | |
| (言,3) (金,8) | | |

| 器 物 | 器 | 物 |
|---|---|---|
| 그릇 기 · 만물 물 | | |
| (口,13) (牛,4) | | |

| 技 術 | 技 | 術 |
|---|---|---|
| 재주 기 · 재주 술 | | |
| (扌,4) (行,5) | | |

| 記 憶 | 記 | 憶 |
|---|---|---|
| 기록할 기 · 생각할 억 | | |
| (言,3) (忄,13) | | |

| 奇 異 | 奇 | 異 |
|---|---|---|
| 기이할 기 · 다를 이 | | |
| (大,5) (田,6) | | |

| 基 礎 | 基 | 礎 |
|---|---|---|
| 터 기 · 주춧돌 초 | | |
| (土,8) (石,13) | | |

| 忌 | 憚 |
|---|---|
| 꺼릴 기 | 꺼릴 탄 |
| (忄,3) | (忄,12) |

| 企 | 劃 |
|---|---|
| 도모할 기 | 그을 획 |
| (人,4) | (刂,12) |

| 緊 | 張 |
|---|---|
| 굳게 얽을 긴 | 베풀 장 |
| (糸,8) | (弓,8) |

| 納 | 付 |
|---|---|
| 들일 납 | 줄 부 |
| (糸,4) | (亻,3) |

| 娘 | 子 |
|---|---|
| 아가씨 낭 | 아들 자 |
| (女,7) | (子,0) |

| 勞 | 苦 |
|---|---|
| 일할 로 | 쓸 고 |
| (力,10) | (艹,5) |

| 努 | 力 |
|---|---|
| 힘쓸 노 | 힘 력 |
| (力,5) | (力,0) |

| 奴 | 婢 |
|---|---|
| 종 노 | 여종 비 |
| (女,2) | (女,8) |

| 弄 | 談 |
|---|---|
| 희롱할 롱 | 말씀 담 |
| (廾,4) | (言,8) |

| 濃 | 淡 |
|---|---|
| 짙을 농 | 묽을 담 |
| (水,13) | (水,8) |

| 茶 | 果 |
|---|---|
| 차 다 | 실과 과 |
| (++,6) | (木,4) |

| 團 | 結 |
|---|---|
| 둥글 단 | 맺을 결 |
| (口,11) | (糸,6) |

斷 水

끊을 단 물 수

(斤,14) (水,0)

擔 當

멜 담 마땅할 당

(手,13) (田,8)

踏 査

밟을 답 조사할 사

(足,8) (木,5)

臺 本

누대 대 밑 본

(至,8) (木,1)

隊 列

대 대 벌일 렬

(阜,9) (力,4)

對 照

대답할 대 비출 조

(寸,11) (火,9)

| 陶 | 冶 |
|---|---|
| 질그릇 도 | 불릴 야 |
| (阝,8) | (冫,7) |

| 跳 | 躍 |
|---|---|
| 뛸 도 | 뛸 약 |
| (足,6) | (足,14) |

| 盜 | 賊 |
|---|---|
| 도둑 도 | 도둑 적 |
| (皿,7) | (貝,6) |

| 挑 | 戰 |
|---|---|
| 도울 도 | 싸울 전 |
| (手,6) | (戈,12) |

| 桃 | 花 |
|---|---|
| 복숭아 나무 도 | 꽃 화 |
| (木,6) | (艹,4) |

| 毒 | 感 |
|---|---|
| 독 독 | 느낄 감 |
| (毋,4) | (心,9) |

| 督 | 勵 |
|---|---|
| 살펴볼 독 | 힘쓸 려 |
| (目,8) | (力,15) |

| 敦 | 篤 |
|---|---|
| 도타울 돈 | 도타울 독 |
| (攵,8) | (竹,10) |

| 豚 | 舍 |
|---|---|
| 돼지 돈 | 집 사 |
| (豕,4) | (舌,2) |

| 突 | 破 |
|---|---|
| 갑자기 돌 | 깨뜨릴 파 |
| (穴,4) | (石,5) |

| 凍 | 傷 |
|---|---|
| 얼 동 | 다칠 상 |
| (冫,8) | (亻,11) |

| 銅 | 像 |
|---|---|
| 구리 동 | 형상 상 |
| (金,6) | (亻,12) |

| 幕 | 後 |
|---|---|
| 막 막 | 뒤 후 |
| (巾,11) | (彳,6) |

| 罔 | 極 |
|---|---|
| 없을 망<br>그물 망 | 다할 극 |
| (罒,3) | (木,9) |

| 妄 | 想 |
|---|---|
| 망령 망 | 생각할 상 |
| (女,3) | (心,9) |

| 媒 | 介 |
|---|---|
| 중매 매 | 끼일 개 |
| (女,9) | (人,2) |

| 埋 | 沒 |
|---|---|
| 묻을 매 | 빠질 몰 |
| (土,7) | (水,4) |

| 梅 | 花 |
|---|---|
| 매화나무 매 | 꽃 화 |
| (木,7) | (艹,4) |

脈 絡

맥 맥 (肉,6)

맥락 락 (糸,6)

盟 邦

맹세 맹 (皿,8)

나라 방 (阝,4)

猛 獸

사나울 맹 (犭,8)

짐승 수 (犬,15)

盲 點

소경 맹 (目,3)

점 점 (黑,5)

明 鏡

밝을 명 (日,4)

거울 경 (金,11)

冥 福

어두울 명 (冖,8)

복 복 (示,9)

| 銘 | 心 |
|---|---|
| 새길 명 | 마음 심 |
| (金,6) | (心,0) |

| 矛 | 盾 |
|---|---|
| 창 모 | 방패 순 |
| (矛,0) | (目,4) |

| 沐 | 浴 |
|---|---|
| 머리감을 목 | 목욕할 욕 |
| (水,4) | (水,7) |

| 貿 | 易 |
|---|---|
| 바꿀 무 | 바꿀 역<br>쉬울 이 |
| (貝,5) | (日,4) |

| 霧 | 散 |
|---|---|
| 안개 무 | 흩을 산 |
| (雨,11) | (攵,8) |

| 微 | 妙 |
|---|---|
| 작을 미 | 묘할 묘 |
| (彳,10) | (女,4) |

| 迷 | 惑 |
|---|---|
| 미혹할 미 | 미혹할 혹 |
| (辶,6) | (心,8) |

| 蜜 | 月 |
|---|---|
| 꿀 밀 | 달 월 |
| (虫,8) | (月,0) |

| 薄 | 氷 |
|---|---|
| 엷을 박 | 얼음 빙 |
| (艹,13) | (水,1) |

| 博 | 識 |
|---|---|
| 넓을 박 | 알 식 |
| (十,10) | (言,12) |

| 叛 | 亂 |
|---|---|
| 배반할 반 | 어지러울 란 |
| (又,7) | (乙,12) |

| 拔 | 擢 |
|---|---|
| 뺄 발 | 뽑을 탁 |
| (扌,5) | (扌,14) |

| 倍 | 加 | 倍 | 加 |
|---|---|---|---|
| 곱 배 | 더할 가 | | |
| (人,8) | (力,3) | | |

| 配 | 慮 | 配 | 慮 |
|---|---|---|---|
| 짝 배 | 생각할 려 | | |
| (酉,3) | (心,11) | | |

| 培 | 養 | 培 | 養 |
|---|---|---|---|
| 북돋을 배 | 기를 양 | | |
| (土,8) | (食,6) | | |

| 排 | 斥 | 排 | 斥 |
|---|---|---|---|
| 밀칠 배 | 물리칠 척 | | |
| (扌,8) | (斤,1) | | |

| 白 | 眉 | 白 | 眉 |
|---|---|---|---|
| 흰 백 | 눈썹 미 | | |
| (白,0) | (目,4) | | |

| 飜 | 譯 | 飜 | 譯 |
|---|---|---|---|
| 뒤칠 번 | 통변할 역 | | |
| (飛,12) | (言,13) | | |

| 範 | 圍 |
| --- | --- |
| 법 범 | 둘레 위 |
| (竹,9) | (口,9) |

| 汎 | 稱 |
| --- | --- |
| 넓을 범 | 일컬을 칭<br>저울 칭 |
| (氵,3) | (禾,9) |

| 碧 | 眼 |
| --- | --- |
| 푸를 벽 | 눈 안 |
| (石,9) | (目,6) |

| 辨 | 濟 |
| --- | --- |
| 분별할 변 | 건널 제 |
| (辛,9) | (水,14) |

| 辯 | 護 |
| --- | --- |
| 말잘할 변 | 보호할 호 |
| (辛,14) | (言,14) |

| 竝 | 立 |
| --- | --- |
| 아우를 병 | 설 립 |
| (立,5) | (立,0) |

| 寶 | 庫 |
| --- | --- |
| 보배 보 | 창고 고 |
| (宀,17) | (广,7) |

| 補 | 助 |
| --- | --- |
| 도울 보 | 도울 조 |
| (衣,7) | (力,5) |

| 補 | 佐 |
| --- | --- |
| 기울 보<br>도울 보 | 도울 좌 |
| (衤,7) | (亻,5) |

| 普 | 遍 |
| --- | --- |
| 두루 보 | 두루 편 |
| (日,8) | (辶,9) |

| 複 | 寫 |
| --- | --- |
| 겹칠 복 | 베낄 사 |
| (衤,9) | (宀,12) |

| 福 | 祉 |
| --- | --- |
| 복 복 | 복 지 |
| (示,9) | (示,4) |

| 封 墳 | | |
|---|---|---|
| 봉할 봉 (寸,6) | 무덤 분 (土,12) | |

| 蜂 蝶 | | |
|---|---|---|
| 벌 봉 (虫,7) | 나비 접 (虫,9) | |

| 鳳 凰 | | |
|---|---|---|
| 봉새 봉 (鳥,3) | 봉황새 황 (几,9) | |

| 附 屬 | | |
|---|---|---|
| 붙을 부 (阝,5) | 무리 속<br>맡길 촉 (尸,18) | |

| 賦 與 | | |
|---|---|---|
| 구실 부<br>줄 부 (貝,8) | 줄 여 (臼,7) | |

| 赴 任 | | |
|---|---|---|
| 나아갈 부 (走,2) | 맡길 임 (亻,4) | |

| 符 | 籍 | 符 | 籍 |
|---|---|---|---|
| 부신 부 | 호적 적 | | |
| (竹,5) | (竹,14) | | |

| 奮 | 發 | 奮 | 發 |
|---|---|---|---|
| 떨칠 분 | 필 발 | | |
| (大,13) | (癶,7) | | |

| 分 | 析 | 分 | 析 |
|---|---|---|---|
| 나눌 분 | 쪼갤 석 | | |
| (刀,2) | (木,4) | | |

| 粉 | 飾 | 粉 | 飾 |
|---|---|---|---|
| 가루 분 | 꾸밀 식 | | |
| (米,4) | (食,5) | | |

| 紛 | 爭 | 紛 | 爭 |
|---|---|---|---|
| 어지러울 분 | 다툴 쟁 | | |
| (糸,4) | (爪,4) | | |

| 崩 | 壞 | 崩 | 壞 |
|---|---|---|---|
| 무너질 붕 | 무너질 괴 | | |
| (山,8) | (土,16) | | |

| 肥 | 滿 |
|---|---|
| 살질 비 | 찰 만 |
| (月,4) | (水,11) |

| 秘 | 密 |
|---|---|
| 숨길 비 | 빽빽할 밀 |
| (示,5) | (宀,8) |

| 批 | 判 |
|---|---|
| 칠 비 | 판단할 판 |
| (扌,4) | (刂,5) |

| 頻 | 繁 |
|---|---|
| 자주 빈 | 번성할 번 |
| (頁,7) | (糸,11) |

| 詐 | 欺 |
|---|---|
| 속일 사 | 속일 기 |
| (言,5) | (欠,8) |

| 司 | 法 |
|---|---|
| 맡을 사 | 법 법 |
| (口,2) | (氵,5) |

| 思 | 索 |
| --- | --- |
| 생각할 사 | 찾을 색 |
| (心,5) | (糸,4) |

| 蛇 | 足 |
| --- | --- |
| 뱀 사 | 발 족 |
| (虫,5) | (足,0) |

| 朔 | 望 |
| --- | --- |
| 초하루 삭 | 보름 망<br>바랄 망 |
| (月,6) | (月,7) |

| 削 | 除 |
| --- | --- |
| 깎을 삭 | 덜 제 |
| (刂,7) | (阝,7) |

| 祥 | 瑞 |
| --- | --- |
| 상서로울 상 | 상서 서 |
| (示,6) | (玉,9) |

| 詳 | 細 |
| --- | --- |
| 자세할 상 | 가늘 세 |
| (言,6) | (糸,5) |

| 相 | 互 |
| --- | --- |
| 서로 상 | 서로 호 |
| (目,4) | (二,2) |

| 償 | 還 |
| --- | --- |
| 갚을 상 | 돌아올 환 |
| (亻,15) | (辶,13) |

| 狀 | 況 |
| --- | --- |
| 형상 상 | 상황 황<br>하물며 황 |
| (犬,4) | (氵,5) |

| 署 | 名 |
| --- | --- |
| 나눌 서<br>부서 서 | 이름 명 |
| (罒,9) | (口,3) |

| 庶 | 務 |
| --- | --- |
| 뭇 서 | 힘쓸 무 |
| (广,8) | (力,9) |

| 徐 | 行 |
| --- | --- |
| 천천히 서 | 갈 행 |
| (彳,7) | (行,0) |

| 釋 | 放 |
|---|---|
| 풀 석 | 놓을 방 |
| (釆,13) | (攵,4) |

| 選 | 拔 |
|---|---|
| 가릴 선 | 뺄 발 |
| (辶,12) | (扌,5) |

| 宣 | 傳 |
|---|---|
| 베풀 선 | 전할 전 |
| (宀,6) | (亻,11) |

| 聖 | 域 |
|---|---|
| 성인 성 | 지경 역 |
| (耳,7) | (土,8) |

| 省 | 察 |
|---|---|
| 살필 성 | 살필 찰 |
| (目,4) | (宀,11) |

| 消 | 息 |
|---|---|
| 사라질 소 | 숨쉴 식 |
| (水,7) | (心,6) |

**騷 音**

시끄러울 소 (馬,10) — 소리 음 (音,0)

**掃 除**

쓸 소 (扌,8) — 덜 제 (阝,7)

**素 質**

흴 소 / 바탕 소 (糸,4) — 바탕 질 (貝,8)

**速 度**

빠를 속 (辶,7) — 법도 도 (广,6)

**損 失**

덜 손 (扌,10) — 잃을 실 (大,2)

**刷 新**

인쇄할 쇄 / 씻을 쇄 (刀,6) — 새 신 (斤,9)

| 壽 | 宴 |
|---|---|
| 목숨 수 | 잔치 연 |
| (士,11) | (宀,7) |

| 需 | 要 |
|---|---|
| 구할 수 | 구할 요 |
| (雨,6) | (襾,3) |

| 熟 | 語 |
|---|---|
| 익을 숙 | 말씀 어 |
| (火,11) | (言,7) |

| 瞬 | 間 |
|---|---|
| 눈깜박일 순 | 사이 간 |
| (目,12) | (門,4) |

| 純 | 粹 |
|---|---|
| 순수할 순 | 순수할 수 |
| (糸,4) | (米,8) |

| 殉 | 職 |
|---|---|
| 따라죽을 순 | 벼슬 직 |
| (歹,6) | (耳,12) |

| 巡 | 廻 |
|---|---|
| 순행할 순 | 돌 회 |
| (巛,4) | (廴,6) |

| 崇 | 拜 |
|---|---|
| 높을 숭 | 절 배 |
| (山,8) | (扌,5) |

| 濕 | 氣 |
|---|---|
| 축축할 습 | 기운 기 |
| (氵,14) | (气,6) |

| 勝 | 負 |
|---|---|
| 이길 승 | 질 부 |
| (力,10) | (貝,2) |

| 昇 | 進 |
|---|---|
| 오를 승 | 나아갈 진 |
| (日,4) | (辶,8) |

| 試 | 驗 |
|---|---|
| 시험할 시 | 증험할 험 |
| (言,6) | (馬,13) |

信 賴
믿을 신 (亻,7) / 힘입을 뢰 (貝,9)

愼 重
삼갈 신 (心,10) / 무거울 중 (里,2)

實 踐
열매 실 (宀,11) / 밟을 천 (足,8)

審 美
살필 심 (宀,12) / 아름다울 미 (羊,3)

惡 臭
나쁠 악 미워할오 (心,8) / 냄새 취 (自,4)

安 寧
편안할 안 (宀,3) / 편안할 녕 (宀,11)

| 暗 誦 | 暗 | 誦 |
|---|---|---|
| 어두울 암 욀 송<br>욀 암 말할 송<br>(日,9) (言,7) | | |

| 弱 冠 | 弱 | 冠 |
|---|---|---|
| 약할 약 갓 관<br>(弓,7) (冖,7) | | |

| 兩 班 | 兩 | 班 |
|---|---|---|
| 두 량 나눌 반<br>(入,8) (王,6) | | |

| 養 蜂 | 養 | 蜂 |
|---|---|---|
| 기를 양 벌 봉<br>(食,8) (虫,7) | | |

| 諒 解 | 諒 | 解 |
|---|---|---|
| 믿을 량 풀 해<br>헤아릴 량<br>(言,8) (角,6) | | |

| 抑 制 | 抑 | 制 |
|---|---|---|
| 누를 억 누를 제<br>마를 제<br>(扌,4) (刂,6) | | |

| 餘 | 暇 |
|---|---|
| 남을 여 | 겨를 가 |
| (食,7) | (日,9) |

| 輿 | 論 |
|---|---|
| 가마 여<br>수레 여 | 논할 론 |
| (車,10) | (言,8) |

| 役 | 割 |
|---|---|
| 부릴 역 | 나눌 할 |
| (彳,4) | (刂,10) |

| 連 | 帶 |
|---|---|
| 이을 연 | 띠 대 |
| (辶,7) | (巾,8) |

| 鍊 | 磨 |
|---|---|
| 단련할 련 | 갈 마 |
| (金,9) | (石,11) |

| 戀 | 慕 |
|---|---|
| 그리워할 련 | 그리워할 모 |
| (心,19) | (心,11) |

| 憐 | 憫 |
|---|---|
| 불쌍히 여길 련 | 불쌍히 여길 민 |
| (心,12) | (心,12) |

| 燃 | 燒 |
|---|---|
| 불사를 연 | 불사를 소 |
| (火,12) | (火,12) |

| 演 | 奏 |
|---|---|
| 흐를 연 | 아뢸 주 |
| (水,11) | (大,6) |

| 沿 | 岸 |
|---|---|
| 따를 연 | 언덕 안 |
| (水,5) | (山,5) |

| 廉 | 恥 |
|---|---|
| 청렴 렴 | 부끄러울 치 |
| (广,10) | (心,6) |

| 影 | 響 |
|---|---|
| 그림자 영 | 울림 향 |
| (彡,12) | (音,13) |

| 映 像 | 映 | 像 |
|---|---|---|
| 비칠 영 / 형상 상 | | |
| (日,5) / (亻,12) | | |

| 靈 魂 | 靈 | 魂 |
|---|---|---|
| 신령 령 / 넋 혼 | | |
| (雨,16) / (鬼,4) | | |

| 藝 術 | 藝 | 術 |
|---|---|---|
| 재주 예 / 꾀 술, 재주 술 | | |
| (艹,15) / (行,5) | | |

| 禮 讚 | 禮 | 讚 |
|---|---|---|
| 예도 례 / 기릴 찬 | | |
| (示,13) / (言,19) | | |

| 豫 測 | 豫 | 測 |
|---|---|---|
| 미리 예 / 헤아릴 측 | | |
| (豕,9) / (水,9) | | |

| 傲 慢 | 傲 | 慢 |
|---|---|---|
| 거만할 오 / 게으를 만 | | |
| (亻,11) / (忄,11) | | |

| 汚 | 染 |
|---|---|
| 더러울 오 | 물들일 염 |
| (水,3) | |

| 完 | 遂 |
|---|---|
| 완전할 완 | 이룰 수 |
| (宀,4) | (辶,9) |

| 緩 | 衝 |
|---|---|
| 느릴 완 | 찌를 충 |
| (糸,9) | (行,9) |

| 遙 | 遠 |
|---|---|
| 멀 요 | 멀 원 |
| (辶,10) | (辶,10) |

| 容 | 恕 |
|---|---|
| 얼굴 용 | 용서할 서 |
| (宀,7) | (心,6) |

| 五 | 輪 |
|---|---|
| 다섯 오 | 바퀴 륜 |
| (二,2) | (車,8) |

| 愚 | 鈍 | 愚 | 鈍 |
|---|---|---|---|
| 어리석을 우 | 무딜 둔 | | |
| (心,9) | (金,4) | | |

| 優 | 雅 | 優 | 雅 |
|---|---|---|---|
| 부드러울 우 | 바를 아<br>떼까마귀 | | |
| (亻,15) | (隹,4) | | |

| 右 | 翼 | 右 | 翼 |
|---|---|---|---|
| 오른 우 | 날개 익 | | |
| (口,2) | (羽,11) | | |

| 郵 | 便 | 郵 | 便 |
|---|---|---|---|
| 역참 우 | 편할 편 | | |
| (阝,8) | (亻,7) | | |

| 雄 | 辯 | 雄 | 辯 |
|---|---|---|---|
| 수컷 웅 | 말잘할 변 | | |
| (隹,4) | (言,14) | | |

| 援 | 助 | 援 | 助 |
|---|---|---|---|
| 도울 원 | 도울 조 | | |
| (扌,9) | (力,5) | | |

| 元 旦 | 元 | 旦 |
|---|---|---|
| 으뜸 원 / 아침 단 | | |
| (儿,2) | | |

| 違 背 | 違 | 背 |
|---|---|---|
| 어길 위 / 배반할 배, 등 배 | | |
| (辶,9) (肉,5) | | |

| 危 殆 | 危 | 殆 |
|---|---|---|
| 위태할 위 / 위태할 태 | | |
| (卩,4) (歹,5) | | |

| 類 似 | 類 | 似 |
|---|---|---|
| 무리 류, 닮을 류 / 같을 사 | | |
| (頁,10) (亻,5) | | |

| 遊 說 | 遊 | 說 |
|---|---|---|
| 놀 유 / 달랠 세, 말씀 설 | | |
| (辶,9) (言,7) | | |

| 遺 蹟 | 遺 | 蹟 |
|---|---|---|
| 남길 유 / 자취 적 | | |
| (辶,11) (足,11) | | |

| 維 持 | 維 | 持 |
| --- | --- | --- |
| 지탱할 유 / 밧줄 유 (糸,8) | | |
| 가질 지 (扌,6) | | |

| 誘 惑 | 誘 | 惑 |
| --- | --- | --- |
| 꾈 유 (言,7) | | |
| 미혹할 혹 (心,8) | | |

| 潤 澤 | 潤 | 澤 |
| --- | --- | --- |
| 젖을 윤 (氵,12) | | |
| 못 택 / 윤택할 택 (氵,13) | | |

| 隆 崇 | 隆 | 崇 |
| --- | --- | --- |
| 클 륭 (阝,9) | | |
| 높을 숭 (山,8) | | |

| 隱 蔽 | 隱 | 蔽 |
| --- | --- | --- |
| 숨을 은 (阝,14) | | |
| 가릴 폐 (艹,12) | | |

| 陰 謀 | 陰 | 謀 |
| --- | --- | --- |
| 그늘 음 / 가릴 음 (阝,8) | | |
| 꾀 모 (言,9) | | |

| 疑 | 懼 |
|---|---|
| 의심할 의 | 두려울 구 |
| (疋,9) | (忄,18) |

| 忍 | 耐 |
|---|---|
| 참을 인 | 견딜 내 |
| (心,3) | (而,3) |

| 引 | 導 |
|---|---|
| 끌 인 | 이끌 도 |
| (弓,1) | (寸,13) |

| 印 | 刷 |
|---|---|
| 도장 인 | 인쇄할 쇄<br>씻을 쇄 |
| (卩,4) | (刂,6) |

| 賃 | 貸 |
|---|---|
| 품팔이 임 | 빌릴 대 |
| (貝,6) | (貝,5) |

| 孕 | 胎 |
|---|---|
| 아이밸 잉 | 아이밸 태 |
| (子,2) | (肉,5) |

| 慈 | 悲 |
|---|---|
| 사랑 자 | 슬플 비 |
| (心,9) | (心,8) |

| 姿 | 態 |
|---|---|
| 맵시 자 | 모양 태 |
| (女,6) | (心,10) |

| 潛 | 伏 |
|---|---|
| 잠길 잠 | 엎드릴 복 |
| (氵,12) | (亻,4) |

| 裝 | 飾 |
|---|---|
| 꾸밀 장 | 꾸밀 식 |
| (衣,7) | (食,5) |

| 掌 | 握 |
|---|---|
| 손바닥 장 | 쥘 악 |
| (手,8) | (手,9) |

| 莊 | 嚴 |
|---|---|
| 엄숙할 장 | 엄할 엄 |
| (++,7) | (口,17) |

| 災 | 殃 |
|---|---|
| 재앙 재 | 재앙 앙 |
| (火,3) | (歹,5) |

| 抵 | 觸 |
|---|---|
| 거스를 저 | 닿을 촉 |
| (扌,5) | (角,13) |

| 積 | 極 |
|---|---|
| 쌓을 적 | 다할 극 |
| (禾,11) | (木,9) |

| 適 | 宜 |
|---|---|
| 갈 적 | 마땅할 의<br>화목할 의 |
| (辶,11) | (宀,5) |

| 專 | 攻 |
|---|---|
| 오로지 전 | 칠 공 |
| (寸,8) | (攵,3) |

| 傳 | 統 |
|---|---|
| 전할 전 | 거느릴 통 |
| (亻,11) | (糸,6) |

| 轉 | 換 | 轉 | 換 |
|---|---|---|---|
| 구를 전 | 바꿀 환 | | |
| (車,11) | (扌,9) | | |

| 正 | 鵠 | 正 | 鵠 |
|---|---|---|---|
| 바를 정 | 고니 곡<br>정곡 곡 | | |
| (止,1) | (鳥,7) | | |

| 整 | 備 | 整 | 備 |
|---|---|---|---|
| 가지런할 정 | 갖출 비 | | |
| (攵,12) | (亻,10) | | |

| 情 | 緖 | 情 | 緖 |
|---|---|---|---|
| 뜻 정 | 실마리 서 | | |
| (忄,8) | (糸,9) | | |

| 靜 | 肅 | 靜 | 肅 |
|---|---|---|---|
| 고요할 정 | 엄숙할 숙 | | |
| (靑,8) | (聿,7) | | |

| 訂 | 正 | 訂 | 正 |
|---|---|---|---|
| 바로잡을 정 | 바를 정 | | |
| (言,2) | (止,1) | | |

| 停 | 滯 |
| --- | --- |
| 멈출 정 | 막힐 체 |
| (亻,9) | (氵,11) |

| 提 | 供 |
| --- | --- |
| 끌 제 | 줄 공 |
| (扌,9) | (亻,6) |

| 諸 | 般 |
| --- | --- |
| 모두 제 | 돌 반 |
| (言,9) | (舟,4) |

| 祭 | 祀 |
| --- | --- |
| 제사 제 | 제사 사 |
| (示,6) | (示,3) |

| 彫 | 刻 |
| --- | --- |
| 새길 조 | 새길 각 |
| (彡,8) | (刂,6) |

| 租 | 稅 |
| --- | --- |
| 세금 조 | 세금 세 |
| (禾,5) | (禾,7) |

| 朝 廷 | 朝 | 廷 |
|---|---|---|
| 조정 조 / 아침 조 (月,8) | | |
| 조정 정 (廴,4) | | |

| 組 織 | 組 | 織 |
|---|---|---|
| 짤 조 (糸,5) | | |
| 짤 직 (糸,12) | | |

| 條 項 | 條 | 項 |
|---|---|---|
| 가지 조 (木,7) | | |
| 목 항 / 조목 항 (頁,3) | | |

| 尊 稱 | 尊 | 稱 |
|---|---|---|
| 공경할 존 / 술 준 (寸, 9) | | |
| 일컬을 칭 / 저울 칭 (禾, 9) | | |

| 拙 劣 | 拙 | 劣 |
|---|---|---|
| 못날 졸 (扌,5) | | |
| 못할 열 (力,4) | | |

| 宗 廟 | 宗 | 廟 |
|---|---|---|
| 사당 종 / 마루 종 (宀,5) | | |
| 사당 묘 (广,12) | | |

| 縱 | 橫 |
| --- | --- |
| 세로 종<br>늘어질 종 | 가로 횡 |
| (糸,11) | (木,12) |

| 座 | 談 |
| --- | --- |
| 자리 좌 | 말씀 담 |
| (广,7) | (言,8) |

| 周 | 邊 |
| --- | --- |
| 둘레 주<br>두루 주 | 가 변 |
| (口,5) | (辶,15) |

| 遵 | 守 |
| --- | --- |
| 좇을 준 | 지킬 수 |
| (辶,12) | (宀,3) |

| 仲 | 裁 |
| --- | --- |
| 버금 중 | 마를 재 |
| (亻,4) | (衣,6) |

| 憎 | 惡 |
| --- | --- |
| 미워할 증 | 미워할 오<br>나쁠 악 |
| (忄,12) | (心,8) |

| 智 慧 | 智 | 慧 |
|---|---|---|
| 슬기 지 / 슬기로울 혜 | | |
| (日,8) (心,11) | | |

| 指 摘 | 指 | 摘 |
|---|---|---|
| 가리킬 지, 손가락 지 / 딸 적, 가리킬 적 | | |
| (扌,6) (扌,11) | | |

| 志 操 | 志 | 操 |
|---|---|---|
| 뜻 지 / 절개 조, 잡을 조 | | |
| (心,3) (扌,13) | | |

| 進 級 | 進 | 級 |
|---|---|---|
| 나아갈 진 / 등급 급 | | |
| (辶,8) (糸,4) | | |

| 鎭 壓 | 鎭 | 壓 |
|---|---|---|
| 진압할 진, 메울 전 / 누를 압 | | |
| (金,10) (土,14) | | |

| 眞 僞 | 眞 | 僞 |
|---|---|---|
| 참 진 / 거짓 위 | | |
| (目,5) (亻,12) | | |

| 執 | 着 |
|---|---|
| 잡을 집 | 붙을 착 |
| (土,8) | (目,7) |

| 徵 | 兆 |
|---|---|
| 부를 징 | 조짐 조 |
| (彳,12) | (儿,4) |

| 錯 | 誤 |
|---|---|
| 섞일 착<br>둘 조 | 그릇할 오 |
| (金,8) | (言,7) |

| 燦 | 爛 |
|---|---|
| 빛날 찬 | 빛날 란 |
| (火,13) | (火,1`7) |

| 參 | 照 |
|---|---|
| 참여할 참<br>별이름 삼 | 비칠 조 |
| (厶, 9) | (火,9) |

| 慙 | 悔 |
|---|---|
| 부끄러울 참 | 뉘우칠 회 |
| (心,11) | (忄,7) |

| 創 造 | 創 | 造 |
|---|---|---|
| 비롯할 창 / 지을 조, 이를 조 | | |
| (刂,10) (辶,7) | | |

| 債 券 | 債 | 券 |
|---|---|---|
| 빚 채 / 문서 권 | | |
| (亻,11) (刀,6) | | |

| 冊 曆 | 冊 | 曆 |
|---|---|---|
| 책 책 / 책력 력 | | |
| (冂,3) (日,12) | | |

| 冊 曆 | 冊 | 曆 |
|---|---|---|
| 책 책 / 책력 력 | | |
| (冂,3) (日,12) | | |

| 添 加 | 添 | 加 |
|---|---|---|
| 더할 첨 / 더할 가 | | |
| (氵,8) (力,3) | | |

| 尖 端 | 尖 | 端 |
|---|---|---|
| 뾰족할 첨 / 끝 단 | | |
| (小,3) (立,9) | | |

| 抄 | 本 |
|---|---|
| 가릴 초<br>노략질 초 | 근본 본 |
| (扌,4) | (木,1) |

| 招 | 聘 |
|---|---|
| 부를 초 | 부를 빙 |
| (扌,5) | (耳,7) |

| 肖 | 像 |
|---|---|
| 닮을 초 | 형상 상<br>닮을 상 |
| (肉,3) | (亻,12) |

| 超 | 越 |
|---|---|
| 넘을 초 | 넘을 월 |
| (走,5) | (走,5) |

| 促 | 迫 |
|---|---|
| 재촉할 촉 | 다그칠 박 |
| (亻,7) | (辶,5) |

| 聰 | 明 |
|---|---|
| 귀밝을 총 | 밝을 명 |
| (耳,11) | (日,4) |

| 推 | 薦 | 推 | 薦 |
|---|---|---|---|
| 옮을 추<br>밀 퇴 | 천거할 천 | | |
| (扌,8) | (艹,13) | | |

| 抽 | 出 | 抽 | 出 |
|---|---|---|---|
| 뺄 추 | 날 출 | | |
| (扌,5) | (凵,3) | | |

| 秋 | 毫 | 秋 | 毫 |
|---|---|---|---|
| 가을 추 | 가는털 호 | | |
| (禾,4) | (毛,7) | | |

| 縮 | 小 | 縮 | 小 |
|---|---|---|---|
| 오그라들 축 | 작을 소 | | |
| (糸,11) | (小,0) | | |

| 趣 | 味 | 趣 | 味 |
|---|---|---|---|
| 달릴 취<br>재촉할 촉 | 맛 미 | | |
| (走,8) | (口,5) | | |

| 測 | 量 | 潛 | 伏 |
|---|---|---|---|
| 헤아릴 측 | 헤아릴 량 | | |
| (氵,9) | (里,5) | | |

親 睦

친할 친 화목할 목

(見,9) (目,8)

沈 默

잠길 침 잠잠할 묵
성 심

(氵,4) (黑,4)

侵 犯

침범할 침 범할 범

(亻,7) (犭,2)

透 徹

통할 투 통할 철

(辶,7) (彳,12)

快 愈

쾌할 쾌 나을 유

(心,4) (心,9)

妥 協

평온할 타 합할 협

(女,4) (十,6)

| 打 | 破 |
|---|---|
| 칠 타 | 깨뜨릴 파 |
| (扌,2) | (石,5) |

| 炭 | 鑛 |
|---|---|
| 숯 탄 | 쇳돌 광 |
| (火,5) | (金,15) |

| 奪 | 取 |
|---|---|
| 빼앗을 탈 | 취할 취 |
| (大,11) | (又,6) |

| 探 | 索 |
|---|---|
| 찾을 탐 | 찾을 색<br>동아줄 삭 |
| (扌,8) | (糸,4) |

| 貪 | 慾 |
|---|---|
| 탐할 탐 | 욕심 욕 |
| (貝,4) | (心,11) |

| 怠 | 慢 |
|---|---|
| 게으를 태 | 게으를 만 |
| (心,5) | (心,11) |

| 胎 | 夢 |
| --- | --- |
| 아이밸 태 | 꿈 몽 |
| (肉,5) | (夕,11) |

| 討 | 議 |
| --- | --- |
| 칠 토 | 의논할 의 |
| (言,3) | (言,13) |

| 痛 | 哭 |
| --- | --- |
| 아플 통 | 울 곡 |
| (疒,7) | (口,7) |

| 退 | 却 |
| --- | --- |
| 물러날 퇴 | 물리칠 각 |
| (辶,6) | (卩,5) |

| 投 | 票 |
| --- | --- |
| 던질 투 | 불똥튈 표쪽지 표 |
| (扌,4) | (示,6) |

| 鬪 | 爭 |
| --- | --- |
| 싸움 투 | 다툴 쟁 |
| (鬥,10) | (爪,4) |

| 特 殊 | 特 | 殊 |
|---|---|---|
| 유다를 특 / 다를 수, 죽일 수 | | |
| (牛,6) (歹,6) | | |

| 派 遣 | 派 | 遣 |
|---|---|---|
| 물갈래 파 / 보낼 견 | | |
| (水,6) (辶,10) | | |

| 播 種 | 播 | 種 |
|---|---|---|
| 뿌릴 파 / 씨 종, 심을 종 | | |
| (扌,12) (禾,9) | | |

| 判 斷 | 判 | 斷 |
|---|---|---|
| 판가름할 판 / 끊을 단 | | |
| (刂,5) (斤,14) | | |

| 販 賣 | 販 | 賣 |
|---|---|---|
| 팔 판 / 팔 매 | | |
| (貝,4) (貝,8) | | |

| 編 輯 | 編 | 輯 |
|---|---|---|
| 엮을 편 / 모을 집 | | |
| (糸,9) (車,9) | | |

| 偏 | 頗 | 捕 | 捉 |
|---|---|---|---|
| 치우칠 편 | 치우칠 파<br>자 못 파 | 잡을 포 | 잡을 착 |
| (亻,9) | (頁,5) | (扌,7) | (扌,7) |

| 漂 | 流 | 標 | 準 |
|---|---|---|---|
| 떠돌 표 | 흐를 류 | 표할 표 | 수준기 준 |
| (氵,11) | (氵,7) | (木,11) | (水,10) |

| 表 | 彰 | 諷 | 刺 |
|---|---|---|---|
| 겉 표 | 밝을 창 | 풍자할 풍 | 찌를 자 |
| (衣,3) | (彡,11) | (言,9) | (刂,6) |

被 告

입을 피　알릴 고

(衤,5)　(口,4)

疲 困

피곤할 피　곤할 곤

(疒,5)　(口,4)

皮 膚

가죽 피　살갗 부

(皮,0)　(虍,11)

畢 納

마칠 필　들일 납

(田,6)　(糸,4)

荷 役

연 하　부릴 역
멜 하

(艹,7)　(彳,4)

汗 蒸

땀 한　찔 증

(氵,3)　(艹,10)

| 虐 | 殺 |
|---|---|
| 모질 학 | 죽일 살<br>덜 쇄 |
| (虍,3) | (殳,7) |

| 恨 | 歎 |
|---|---|
| 원한 한 | 한탄할 탄 |
| (忄,6) | (欠,11) |

| 閑 | 寂 |
|---|---|
| 한가할 한<br>문지방 한 | 고요할 적 |
| (門,4) | (宀,8) |

| 割 | 引 |
|---|---|
| 나눌 할 | 당길 인 |
| (刂,10) | (弓,1) |

| 陷 | 沒 |
|---|---|
| 빠질 함 | 빠질 몰 |
| (阝,8) | (氵,4) |

| 含 | 蓄 |
|---|---|
| 머금을 함 | 쌓을 축<br>기를 축 |
| (口,4) | (艹,10) |

抗 拒

## 抗 拒

막을 항 　 막을 거

(扌,4) 　 (扌,5)

港 口

## 港 口

항구 항 　 입 구

(氵,9) 　 (口,0)

降 服

## 降 服

항복할 항 　 옷 복
내릴 강 　 좇을 복

(阝,6) 　 (月,4)

航 海

## 航 海

건널 항 　 바다 해

(舟,4) 　 (氵,7)

該 博

## 該 博

갖출 해 　 넓을 박

(言,6) 　 (十,10)

解 釋

## 解 釋

풀 해 　 풀 석

(角,6) 　 (釆,13)

| 核 心 | 核 | 心 |
|---|---|---|
| 씨 핵 (木,6) / 마음 심 (心,0) | | |

| 享 樂 | 享 | 樂 |
|---|---|---|
| 누릴 향 (亠,6) / 즐거울 락 풍류 악 좋아할 요 (木,11) | | |

| 許 諾 | 許 | 諾 |
|---|---|---|
| 허락할 허 (言,4) / 허락할 낙 대답할 낙 (言,9) | | |

| 獻 納 | 獻 | 納 |
|---|---|---|
| 바칠 헌 (犬,16) / 들일 납 (糸,4) | | |

| 脅 迫 | 脅 | 迫 |
|---|---|---|
| 으를 협 (肉,6) / 다그칠 박 (辶,5) | | |

| 刑 罰 | 刑 | 罰 |
|---|---|---|
| 형벌 형 (刂,4) / 벌줄 벌 (网,9) | | |

| 豪 | 傑 |
|---|---|
| 호걸 호 | 뛰어날 걸 |
| (豕,7) | (亻,10) |

| 呼 | 吸 |
|---|---|
| 숨내쉴 호<br>부를 호 | 숨들이쉴 흡 |
| (口,5) | (口,4) |

| 昏 | 迷 |
|---|---|
| 어두울 혼 | 미혹할 미 |
| (日,4) | (辶,6) |

| 婚 | 姻 |
|---|---|
| 혼인할 혼 | 혼인할 인 |
| (女,8) | (女,6) |

| 華 | 麗 |
|---|---|
| 빛날 화 | 고울 려 |
| (++,8) | (鹿,8) |

| 禍 | 福 |
|---|---|
| 재난 화 | 복 복 |
| (示,9) | (示,9) |

| 確 | 率 |
|---|---|
| 굳을 확 | 비율 률<br>거느릴 솔 |
| (石,10) | (玄,6) |

| 擴 | 散 |
|---|---|
| 넓힐 확 | 흩어질 산 |
| (扌,15) | (攵,8) |

| 環 | 境 |
|---|---|
| 고리 환 | 지경 경 |
| (玉,13) | (土,11) |

| 荒 | 廢 |
|---|---|
| 거칠 황 | 폐할 폐 |
| (艹,6) | (广,12) |

| 回 | 顧 |
|---|---|
| 돌 회 | 돌아볼 고 |
| (口,3) | (頁,12) |

| 會 | 社 |
|---|---|
| 모일 회 | 단체 사<br>토지신 사 |
| (日,9) | (示,3) |

| 懷 | 抱 |
|---|---|
| 품을 회 | 안을 포 |
| (忄,16) | (扌,5) |

| 獲 | 得 |
|---|---|
| 얻을 획 | 얻을 득 |
| (犭,14) | (彳,8) |

| 厚 | 朴 |
|---|---|
| 두터울 후 | 순박할 박 |
| (厂,7) | (木,2) |

| 後 | 悔 |
|---|---|
| 뒤 후 | 뉘우칠 회 |
| (彳,6) | (忄,7) |

| 揮 | 毫 |
|---|---|
| 휘두를 휘 | 가는털 호 |
| (扌,9) | (毛,7) |

| 毁 | 損 |
|---|---|
| 헐 훼 | 덜 손 |
| (殳,9) | (扌,10) |

休 憩

쉴 휴　　쉴 게

(亻,4)　　(心,12)

攜 帶

끌 휴 잡을 휴　　띠 대

(扌,10)　　(巾,8)

興 奮

일 홍 홍취 홍　　떨칠 분

(臼,9)　　(大,13)

戱 弄

놀 희　　희롱할 롱

(戈,12)　　(廾,4)

喜 捨

기쁠 희　　버릴 사

(口,9)　　(扌,8)

犧 牲

희생 희　　희생 생

(牛,16)　　(牛,5)

## 05
# 한자성어(漢字成語)

## 1. 한자성어(漢字成語)

| 街 談 巷 說<br>거리가 말씀담 거리항 말씀설 | | | | |
|---|---|---|---|---|
| 語義 길거리에서 떠도는 이야기나 항간에서 서민들 사이에 흘러다니는 소문이나 풍설. | | | | |

| 苛 斂 誅 求<br>가혹할가 거둘렴 목벨주 구할구 | | | | |
|---|---|---|---|---|
| 語義 가혹하게 세금을 거두거나 백성들의 재물을 억지로 빼앗음. | | | | |

| 肝 膽 相 照<br>간 간 쓸개담 서로상 비칠조 | | | | |
|---|---|---|---|---|
| 語義 간과 쓸개를 서로 비춤. 즉, 서로의 마음을 터놓고 친하게 지냄. | | | | |

| 甘 呑 苦 吐<br>달 감 삼길탄 쓸 고 토할토 | | | | |
|---|---|---|---|---|
| 語義 달면 삼키고 쓰면 뱉음. 즉, 사리의 옳고 그름에 관계 없이 제 비위에 맞으면 좋아하고 맞지 않으면 싫어하는 이기주의적 태도. | | | | |

| 甲 男 乙 女<br>갑옷갑 사내남 새 을 여자녀 | | | | |
|---|---|---|---|---|
| 語義 갑이라는 남자와 을이라는 여자란 뜻으로, 신분이나 이름을 특별히 지적할 정도가 못되거나, 또는 누군지 알 수 없는 그저 평범한 보통 사람들을 이르는 말. | | | | |

| 去 頭 截 尾<br>버릴거 머리두 끊을절 꼬리미 | | | | |
|---|---|---|---|---|
| 語義 머리와 꼬리를 떼어 버림. 즉, 요점만 말하고 부수적인 것은 빼어 버림. | | | | |

| 去 者 日 疎<br>갈 거 놈 자 날 일 성길소 | | | | |
|---|---|---|---|---|
| 語義 죽은 사람을 애석히 여기는 마음은 날이 갈수록 점점 사라진다는 뜻으로, 서로 멀리 떨어져 있으면 점점 사이가 멀어진다는 뜻. | | | | |

| 乾 坤 一 擲<br>하늘건 땅 곤 한 일 던질척 | | | | |
|---|---|---|---|---|
| 語義 운명과 흥망을 걸고 단판걸이로 마지막 승부나 성패를 겨룸 | | | | |

| 牽 强 附 會<br>끌 견 억지로 강 부칠부 모일회 | | | | |
|---|---|---|---|---|
| 語義 가당치 않은 말을 억지로 끌어다 붙여 필요한 조건이나 이치에 맞도록 함. | | | | |

| 犬 馬 之 勞<br>개 견 말 마 어조사 지 수고로울로 | | | | |
|---|---|---|---|---|
| 語義 개와 말의 수고. 즉, 자기의 수고를 낮추어 이르는 말. | | | | |

| 見 蚊 拔 劍<br>볼 견 모기문 뺄 발 칼 검 | | | | |
|---|---|---|---|---|
| 語義 모기 보고 칼 빼기. 즉, 보잘 것 없는 작은 일에 지나치게 큰 대책을 씀. | | | | |

| 見 危 致 命<br>볼 견 위태할 위 이를치 목숨명 | | | | |
|---|---|---|---|---|
| 語義 위태함을 보면 목숨을 바침. 즉, 나라의 위태로움을 당하면 목숨을 아끼지 않고 나라를 위하여 싸움. | | | | |

| 經 國 濟 民<br>다스릴 경 나라국 구제할 제 백성민 | | | | |
|---|---|---|---|---|
| 語義 국가사(國家事)를 잘 다스려 도탄에 빠진 세상을 구한다는 뜻으로 '경제(經濟)'는 이의 준말이다. | | | | |

| 孤 軍 奮 鬪<br>외로울 고 군대군 떨칠분 싸울투 | | | | |
|---|---|---|---|---|
| 語義 ① 수가 적고 도움이 없는 약한 군대가 강한 적과 용감하게 싸움. ② 적은 인원과 약한 힘으로, 남의 도움도 없이 힘에 겨운 일을 악착스럽게 함. | | | | |

| 姑 息 之 計<br>아직고 쉴 식 어조사 지 계획계 | | | | |
|---|---|---|---|---|
| 語義 임시 변통이나 한때의 미봉으로 일시적인 안정을 얻기 위한 계책으로 당장의 편한 것만 취하는 것을 말함. | | | | |

| 孤 掌 難 鳴<br>외로울 고 손바닥 장 어려울 난 울 명 | | | | |
|---|---|---|---|---|
| 語義 한쪽 손뼉은 울리지 않는다는 뜻으로 상대가 없이는 무슨 일이나 이루어지지 어려움. | | | | |

| 曲 學 阿 世<br>굽을곡 배울학 아첨할 아 세상세 | | | | |
|---|---|---|---|---|
| 語義 왜곡된 학문으로 세상 사람에게 아첨한다는 뜻으로 자신의 소신이나 철학을 굽혀 권세나 시세에 아첨함. | | | | |

| 骨 肉 相 爭<br>뼈 골 고기육 서로상 다툴쟁 | | | | |
|---|---|---|---|---|
| 語義 뼈와 살이 서로 다툼. 즉, 부자형제 또는 동족끼리 서로 싸움. | | | | |

| 管 中 之 天<br>대롱관 가운데 중 어조사 지 하늘천 | | | | |
|---|---|---|---|---|
| 語義 대롱속의 하늘. 즉, 소견이 좁은 것을 비유. | | | | |

| 矯 角 殺 牛<br>바로잡을 교 뿔 각 죽일살 소 우 | | | | |
|---|---|---|---|---|
| 語義 뿔을 바로잡으려다가 소를 죽임. 즉, 조그만 일을 고치려다 큰 일을 그르침. | | | | |

| 口 蜜 腹 劍<br>입 구 꿀 밀 배 복 칼 검 | | | | |
|---|---|---|---|---|
| 語義 입에는 꿀, 배에는 칼. 즉, 겉으로는 달콤한 태도로 상대를 유혹하면서 속으로는 상대를 해칠 생각을 가짐. | | | | |

| 九 折 羊 腸<br>아홉구 꺾을절 양 양 창자장 | | | | |
|---|---|---|---|---|
| 語義 꼬불꼬불하게 꼬인 양의 창자란 뜻으로, 꼬불꼬불하고 험한 산길. | | | | |

| 群 | 鷄 | 一 | 鶴 |
|---|---|---|---|
| 무리군 | 닭 계 | 한 일 | 학 학 |

語義 뭇닭 가운데의 한 마리 학. 즉, 여러 평범한 사람 가운데 유독 뛰어난 사람.

| 權 | 謀 | 術 | 數 |
|---|---|---|---|
| 권세권 | 꾀할모 | 기술술 | 셈 수 |

語義 목적 달성을 위해서는 수단·방법을 가리지 않고 때와 형평에 따라 둘러 맞추는 모략이나 술책.

| 權 | 不 | 十 | 年 |
|---|---|---|---|
| 권세권 | 아닐불 | 열 십 | 해 년 |

語義 권세는 10년을 가지 못한다는 뜻으로, 권세는 오래 가지 못함을 이르는 말.

| 捲 | 土 | 重 | 來 |
|---|---|---|---|
| 말 권 | 흙 토 | 거듭중 | 올 래 |

語義 흙먼지를 일으키며 다시 옴. 즉, 한번 실패하였다가 세력을 회복하여 다시 쳐 들어옴.

| 錦 衣 還 鄕<br>비단금 옷 의 돌아올 환 고향향 | | | | |
|---|---|---|---|---|
| 語義 비단옷 입고 고향으로 돌아옴. 즉, 객지에서 성공하여 고향으로 돌아옴. | | | | |

| 騎 虎 之 勢<br>말탈기 범 호 어조사 지 형세세 | | | | |
|---|---|---|---|---|
| 語義 범을 타고 가는 형세. 내리다 가는 범에게 잡아 먹힐 판이라 그대로 타고 갈 수밖에 없다는 뜻으로, 한 번 시작한 일을 중도에서 중단할 수 없는 경우의 비유. | | | | |

| 囊 中 之 錐<br>주머니 낭 가운데 중 어조사 지 송곳추 | | | | |
|---|---|---|---|---|
| 語義 주머니 속의 송곳. 즉, 재능이 있는 사람은 아무리 그것을 감추려 해도 저절로 드러나게 마련임. | | | | |

| 勞 心 焦 思<br>수고로울노 마음심 복을초 생각사 | | | | |
|---|---|---|---|---|
| 語義 마음을 수고롭게 하고 생각에 천착함. 즉, 애쓰면서 속을 태움 | | | | |

| 弄 璋 之 慶<br>희롱할 롱 구슬장 어조사 지 경사경 | | | | |
|---|---|---|---|---|
| 語義 아들을 낳는 경사 - 옛날에는 아들을 낳으면 구슬(璋) 장난감을 준 고사에서 유래한 말이다. | | | | |

| 累 卵 之 勢<br>쌓을루 알 란 갈 지 형세세 | | | | |
|---|---|---|---|---|
| 語義 알을 쌓아 놓은 형세. 즉, 매우 위험한 상태. | | | | |

| 簞 食 瓢 飮<br>대그릇 단 밥 사 표주박 표 마실음 | | | | |
|---|---|---|---|---|
| 語義 도시락 밥과 표주박 물이란 뜻으로, 청빈한 생활에 만족하는 것을 뜻한다. | | | | |

| 大 書 特 筆<br>클 대 글 서 특히특 붓 필 | | | | |
|---|---|---|---|---|
| 語義 크게 쓰고 특별하게 쓴다. 오늘날에는 신문이나 잡지에서 중요한 사건이나 새로운 소식을 전하기 위해 특히 드러나게 쓴 것을 일컫는다. | | | | |

| 棟 梁 之 材<br>기둥동 들보량 어조사 지 재목재 | | | | |
|---|---|---|---|---|
| 語義 집의 들보와 같이 한 집이나 나라를 맡아 다스릴 만한 인재. | | | | |

| 同 病 相 憐<br>같을동 병 병 서로상 불쌍할 련 | | | | |
|---|---|---|---|---|
| 語義 같은 병을 앓는 사람끼리 서로 가엾게 여김. 즉, 고난을 같이 겪는 사람은 자기가 처한 사정을 이해해줌. | | | | |

| 同 床 異 夢<br>같을동 평상상 다를이 꿈 몽 | | | | |
|---|---|---|---|---|
| 語義 같은 잠자리에서 다른 꿈을 꿈. 즉, 겉으로는 같이 행동하면서 속으로는 딴 생각을 가짐. | | | | |

| 亡 羊 補 牢<br>잃을망 양 양 기울보 우리뢰 | | | | |
|---|---|---|---|---|
| 語義 양 잃고 외양간을 수리함. 즉, 일이 이미 다 틀어진 뒤에 때늦게 손을 써 봐야 소용이 없음. | | | | |

| 明 鏡 止 水<br>맑을명 거울경 그칠지 물 수 | | | | |
|---|---|---|---|---|
| 語義 맑은 거울과 잔잔하게 정지되어 있는 물. 즉, 잡념과 허욕이 없는 맑고 깨끗한 마음. | | | | |

| 名 實 相 符<br>이름명 열매실 서로상 부적부 | | | | |
|---|---|---|---|---|
| 語義 이름과 실상이 서로 들어맞음. 즉, 알려진 것과 실제의 상황이나 능력에 차이가 없음. | | | | |

| 命 在 頃 刻<br>목숨명 있을재 잠깐경 시각각 | | | | |
|---|---|---|---|---|
| 語義 목숨이 경각에 있음. 즉, 금방 숨이 끊어질 지경. 頃刻(경각): 짧은 시간 | | | | |

| 目 不 識 丁<br>눈 목 아닐불 알 식 고무래 정 | | | | |
|---|---|---|---|---|
| 語義 눈으로 정(丁)자도 알지 못한다는 뜻으로 쉬운 글자도 모르는 매우 무식한 자를 뜻한다 | | | | |

| 猫 項 懸 鈴<br>고양이 묘 목 항 매달현 방울령 | | | | |
|---|---|---|---|---|
| 語義 고양이 목에 방울 달기, 즉 실행할 수 없는 헛된 의논이라는 뜻이다. | | | | |

| 無 爲 徒 食<br>없을무 할 위 헛되이 도 먹을식 | | | | |
|---|---|---|---|---|
| 語義 하는 일 없이 한갓 먹기만 함. 즉, 게으르거나 능력이 없는 사람을 가리키는 말. | | | | |

| 門 前 成 市<br>문 문 앞 전 이룰성 저자시 | | | | |
|---|---|---|---|---|
| 語義 문앞에 시장을 이룸. 즉, 부잣집 문앞에 방문객들로 붐비는 것을 비유함. | | | | |

| 博 而 不 精<br>넓을박 말이을 이 아니불 정할정 | | | | |
|---|---|---|---|---|
| 語義 여러 방면으로 널리 아나 정통하지 못함. 즉, 독서에 있어서 정독의 중요성을 강조하는 말. | | | | |

| 拔 本 塞 源<br>뽑을발 근본본 막을색 근원원 | | | | |
|---|---|---|---|---|
| 語義 폐단의 근본을 뽑고 근원을 없애 버림 | | | | |

| 傍 若 無 人<br>곁 방 같을약 없을무 사람인 | | | | |
|---|---|---|---|---|
| 語義 좌우에 사람이 없는 것 같음. 즉, 말이나 행동을 제멋대로 함. | | | | |

| 背 水 之 陣<br>등 배 물 수 어조사 지 진칠진 | | | | |
|---|---|---|---|---|
| 語義 물을 등지고 진친다는 뜻으로 어떤 일에 목숨을 걸고 비장한 각오로 임함. | | | | |

| 百 年 河 清<br>일백백 해 년 물 하 맑을청 | | | | |
|---|---|---|---|---|
| 語義 무작정 황하가 맑아지기를 기다림. 즉 아무리 기다려도 성공하기 어려움. | | | | |

| 百 年 偕 老<br>일백백 해 년 함께해 늙을로 | | | | |
|---|---|---|---|---|
| 語義 백 년간 함께 늙음. 즉, 부부가 화목하게 일생을 지냄. | | | | |

| 夫 唱 婦 隨<br>남편부 부를창 아내부 따를수 | | | | |
|---|---|---|---|---|
| 語義 남편의 주장에 아내가 따름. 즉, 부부의 화합이 매우 좋음을 이름. | | | | |

| 不 俱 戴 天<br>아닐불 함께구 일 대 하늘천 | | | | |
|---|---|---|---|---|
| 語義 하늘을 같이 이지 못함. 즉, 세상에서 함께 살 수 없는 원수. | | | | |

| 不 撤 晝 夜<br>아닐불 거둘철 낮 주 밤 야 | | | | |
|---|---|---|---|---|
| 語義 밤과 낮을 가리지 아니함. 즉, 조금도 쉴 사이 없이 일에 힘씀. | | | | |

| 非 夢 似 夢<br>아닐비 꿈 몽 같을사 꿈 몽 | | | | |
|---|---|---|---|---|
| 語義 꿈 같기도 하고 아닌 것 같기도 함. 즉, 어렴풋한 상태. | | | | |

| 氷 炭 之 間<br>얼음빙 숯 탄 어조사 지 사이간 | | | | |
|---|---|---|---|---|
| 語義 얼음과 숯의 사이. 즉, 서로 화합할 수 없는 사이. | | | | |

| 四 顧 無 親<br>넉 사 돌아볼 고 없을무 친할친 | | | | |
|---|---|---|---|---|
| 語義 사방을 둘러 보아도 정을 둘 만한 친한 사람이 없음. 즉, 믿고 의지할 만한 사람이 주위에 없음. | | | | |

| 沙 上 樓 閣<br>모래사 윗 상 다락루 누각각 | | | | |
|---|---|---|---|---|
| 語義 모래 위에 세운 누각이라는 뜻으로 기초가 튼튼하지 못하여 오래 견디지 못할 일이나 물건. | | | | |

| 事 必 歸 正<br>일 사 반드시 필 돌아갈귀 바를정 | | | | |
|---|---|---|---|---|
| 語義 모든 일은 결과적으로 반드시 바른 길로 돌아가기 마련임. | | | | |

| 山 戰 水 戰<br>뫼 산 싸울전 물 수 싸울전 | | | | |
|---|---|---|---|---|
| 語義 산에서의 전투와 물에서의 전투를 다 겪음. 즉, 험한 세상 일에 경험 이 많음. | | | | |

| 殺 身 成 仁<br>죽일살 몸 신 이룰성 어질인 | | | | |
|---|---|---|---|---|
| 語義 몸을 죽여서 인을 이룬다는 뜻으로 몸을 바쳐 옳은 도리를 행함. | | | | |

| 三 思 而 行<br>석 삼 생각사 말이을 이 갈 행 | | | | |
|---|---|---|---|---|
| 語義 세 번 생각한 다음 행동한다. 즉, 여러 번 생각하고 행동한다는 뜻으로 모든 일에 조심하여 탈이 없도록 한다. | | | | |

| 三 句 九 食<br>석 삼 열흘순 아홉구 먹을식 | | | | |
|---|---|---|---|---|
| 語義 서른 날에 아홉 끼니밖에 먹지 못함. 즉, 매우 가난함. | | | | |

| 喪 家 之 狗<br>잃을상 집 가 어조사 지 개 구 | | | | |
|---|---|---|---|---|
| 語義 초상집의 개. 즉, 수척하거나 힘이 없이 느슨한 사람. | | | | |

| 桑 田 碧 海<br>뽕나무 상 밭 전 푸를벽 바다해 | | | | |
|---|---|---|---|---|
| 語義 뽕나무 밭이 푸른 바다가 됨. 즉, 상황이나 모습이 엄청나게 변함. | | | | |

| 手 不 釋 卷<br>손 수 아니불 풀 석 책 권 | | | | |
|---|---|---|---|---|
| 語義 손에서 책을 놓지 않는다는 뜻으로, 늘 글을 읽음을 이르는 말. | | | | |

| 袖 手 傍 觀<br>소매수 손 수 결 방 볼 관 | | | | |
|---|---|---|---|---|
| 語義 팔짱을 끼고 곁에서 보기만 함. 즉, 응당히 해야 할 일에 아무런 간여도 하지 않고 그저 옆에서 보고만 있음. | | | | |

| 識 字 憂 患<br>알 식 글자자 근심우 근심환 | | | | |
|---|---|---|---|---|
| 語義 학식이 있는 것이 도리어 근심을 사게 됨. 즉, 글자를 안다는 것이 도리어 화의 근원이 됨 | | | | |

| 信 賞 必 罰<br>믿을신 상줄상 반드시 필 벌할벌 | | | | |
|---|---|---|---|---|
| 語義 상을 줄만한 공이 있는 사람에게 꼭 상을 주고 벌을 줄만한 죄가 있는 사람에게는 꼭 벌을 준다는 뜻으로 상벌을 규정대로 공정하고 엄정하게 하는 일. | | | | |

| 身 言 書 判<br>몸 신 말씀언 글 서 판단할 판 | | | | |
|---|---|---|---|---|
| 語義 인물을 선택하는 표준으로 삼던 네 가지 조건. 즉, 의용(儀容), 언변(言辯), 문필(文筆), 판단력(判斷力). 당나라 때에 비롯한 것임. | | | | |

| 神 出 鬼 沒<br>귀신신 날 출 귀신귀 사라질 몰 | | | | |
|---|---|---|---|---|
| 語義 귀신이 나타났다 사라졌다 함. 즉, 자유자재로 바뀌어 변화가 심함. | | | | |

| 深 思 熟 考<br>깊을심 생각사 익을숙 고찰할 고 | | | | |
|---|---|---|---|---|
| 語義 깊이 생각하고 익히 고찰함. 즉, 신중을 기하여 곰곰이 생각함. | | | | |

| 十 匙 一 飯<br>열 십 수저시 한 일 밥 반 | | | | |
|---|---|---|---|---|
| 語義 열 사람이 한 술씩 보태면 1인분의 한 끼니 식사가 됨. 즉, 여러 사람이 힘을 합하면 한 사람을 구원할 수 있다는 말. | | | | |

| 藥 房 甘 草<br>약 약 방 방 달 감 풀 초 | | | | |
|---|---|---|---|---|
| 語義 약방의 감초. 즉, 무슨 일에나 빠짐없이 낌, 또는 그러한 사물. | | | | |

| 羊 頭 狗 肉<br>양 양 머리두 개 구 고기육 | | | | |
|---|---|---|---|---|
| 語義 양의 머리를 내걸고 개고기를 팖. 즉, 겉보기 보기에는 훌륭하나 속은 변변치 못함. | | | | |

| 言 語 道 斷<br>말씀언 말씀어 길 도 끊을단 | | | | |
|---|---|---|---|---|
| 語義 말문이 막힘. 즉, 어이가 없어 말을 잊지 못함. | | | | |

| 寤 寐 不 忘<br>잘 오 잠잘매 아니불 잊을망 | | | | |
|---|---|---|---|---|
| 語義 자나 깨나 잊지 못함. | | | | |

| 烏 飛 梨 落<br>까마귀오 날 비 배 리 떨어질 락 | | | | |
|---|---|---|---|---|
| 語義 어떤 행동을 하자마자 그 결과인 듯한 혐의를 받기에 알맞게 우연히 다른 일이 뒤따라 일어남. | | | | |

| 烏 合 之 卒<br>까마귀 오 합할합 어조사 지 병졸졸 | | | | |
|---|---|---|---|---|
| 語義 까마귀를 모아 놓은 듯한 군사. 즉, 훈련이 부족하여 전투력이 보잘 것 없는 병사. | | | | |

| 龍 頭 蛇 尾<br>용 룡 머리두 뱀 사 꼬리미 | | | | |
|---|---|---|---|---|
| 語義 용의 머리에 뱀의 꼬리. 즉, 처음은 야단스럽게 시작되었지만 끝이 흐지부지 되어 버림. | | | | |

| 流 芳 百 世<br>흐를유 꽃다울 방 백 백 세상세 | | | | |
|---|---|---|---|---|
| 語義 향기가 백대에 걸쳐 흐름. 즉, 꽃다운 이름이 후세에 길이 전함. | | | | |

| 以 心 傳 心<br>써 이 마음심 전할전 마음심 | | | | |
|---|---|---|---|---|
| 語義 마음에서 마음으로 전한다는 뜻으로 글이나 말에 의하지 않고 서로 통함. | | | | |

**人山人海**
사람인 뫼 산 사람인 바다해

[語義] '사람의 산과 사람의 바다'이니 사람이 무척 많다는 뜻이다.

**臨渴掘井**
임할임 갈증갈 팔 굴 우물정

[語義] 목이 날라서야 우물을 팖. 즉, 미리 준비하지 않다가 다급해져서야 허둥지둥 서두름. 제가 급해야 서둘러서 일을 시작한다는 말이다.

**臨機應變**
임할임 기틀기 응할응 변할변

[語義] 기회에 임해 변화에 순응함. 즉, 그때그때의 형편에 따라 융통성 있게 처리함.

**自家撞着**
자신자 집 가 부딪칠 당 입을착

[語義] 스스로 부딪침. 즉, 자기 스스로 한 말이나 행동의 앞과 뒤가 서로 맞지 않아 배치됨.

| 賊 反 荷 杖<br>도적적 도리어 반 멜 하 장대장 | | | | |
|---|---|---|---|---|
| 語義 도둑이 도리어 매를 듦. 즉, 잘못한 사람이 도리어 시비를 겲. | | | | |

| 切 磋 琢 磨<br>끊을절 쪼을차 쪼을탁 갈 마 | | | | |
|---|---|---|---|---|
| 語義 옥돌을 쪼고 갊. 즉, 학문이나 인격을 수련하고 연마함. | | | | |

| 朝 令 暮 改<br>아침조 명령령 저녁모 고칠개 | | | | |
|---|---|---|---|---|
| 語義 아침에 내린 명령을 저녁에 바꾼다는 뜻으로 법령이 빈번하게 바뀜을 일컫는 말. | | | | |

| 主 客 顚 倒<br>주인주 객 객 이마전 바뀔도 | | | | |
|---|---|---|---|---|
| 語義 주인과 손님이 서로 뒤바뀜. 사물의 경중이나 완급, 또는 중요성에 비춘 앞뒤의 차례가 서로 뒤바뀜. | | | | |

| 滄 海 一 粟<br>푸를창 바다해 한 일 곡식속 | | | | |
|---|---|---|---|---|
| 語義 넓은 바다에 좁쌀 한알. 즉, 천지간에 사람의 존재가 푸른 바다 속의 한 알의 좁쌀 같이 미미하다는 것 | | | | |

| 天 壤 之 判<br>하늘천 땅 양 어조사 지 판단할 판 | | | | |
|---|---|---|---|---|
| 語義 하늘과 땅 사이. 즉 아주 엄청난 차이. | | | | |

| 千 載 一 遇<br>일천천 실을재 한 일 만날우 | | | | |
|---|---|---|---|---|
| 語義 천년에 한번 온 기회. 즉, 아주 좋은 기회. | | | | |

| 寸 鐵 殺 人<br>마디촌 쇠 철 죽일살 사람인 | | | | |
|---|---|---|---|---|
| 語義 조그만 쇳동강이로 사람을 죽일 수 있음. 즉, 간단한 말이나 문장으로 사람의 가장 긴요한 데를 찔러 듣는 사람으로 하여금 감동하게 한다는 것. | | | | |

| 針 小 棒 大<br>바늘침 작을소 방망이 봉 클 대 | | | | |
|---|---|---|---|---|
| 語義 작은 바늘을 큰 방망이로 만듦. 즉, 사물을 과장해서 작은 것을 크게 부풀려 말하는 것. | | | | |

| 破 竹 之 勢<br>쪼갤파 대 죽 어조사 지 형세세 | | | | |
|---|---|---|---|---|
| 語義 대나무를 쪼개는 형세. 즉, 강하고 대단하여 거침없이 밀고 쳐들어 가는 형세를 비유. | | | | |

| 風 樹 之 嘆<br>바람풍 나무수 어조사 지 탄식할 탄 | | | | |
|---|---|---|---|---|
| 語義 바람부는 나무를 잡고 내뱉는 탄식이라는 뜻으로 부모가 돌아가신 후에 생전의 불효를 탄식함. | | | | |

| 汗 牛 充 棟<br>땀 한 소 우 채울충 기둥동 | | | | |
|---|---|---|---|---|
| 語義 실으면 소가 땀을 흘리고 쌓으면 집안의 대들보에 찬다는 뜻으로 많은 장서를 가리키는 말이다. | | | | |

| 懸 頭 刺 股<br>매달현 머리두 찌를자 다리고 | | | | |
|---|---|---|---|---|
| 語義 머리를 노끈으로 묶어 높이 걸고 허벅다리를 찔러 잠을 깨워가며 공부한다는 뜻으로 학업에 힘쓰는 것을 일컫음. | | | | |

| 懸 河 之 辯<br>달 현 물 하 어조사 지 웅변변 | | | | |
|---|---|---|---|---|
| 語義 흐르는 물과 같은 연설. 즉, 매우 유창한 말솜씨. | | | | |

| 虎 死 留 皮<br>범 호 죽을사 남길유 가죽피 | | | | |
|---|---|---|---|---|
| 語義 범이 죽으면 가죽을 남기는 것과 같이 사람이 죽은 뒤에는 이름을 남긴다는 말. | | | | |

| 浩 然 之 氣<br>넓을호 그럴연 어조사 지 기운기 | | | | |
|---|---|---|---|---|
| 語義 천지지간에 가득차 있는 바른 원기(元氣). 또는 공명정대하여 조금도 부끄러울 바 없는 도덕적 용기. | | | | |

| 惑 世 誣 民<br>현혹할 혹 세상세 속일무 백성민 | | | | |
|---|---|---|---|---|
| 語義 세상을 어지럽히고 백성을 속임. | | | | |

| 昏 定 晨 省<br>저녁혼 정할정 새벽신 살필성 | | | | |
|---|---|---|---|---|
| 語義 저녁에는 잠자리를 정하고 아침에는 살핌. 즉, 지극한정성으로 부모님을 모심. | | | | |

| 畵 中 之 餠<br>그림화 가운데 중 어조사 지 떡병 | | | | |
|---|---|---|---|---|
| 語義 그림의 떡. 즉, 아무리 탐이 나도 차지하거나 이용할 수 없음. | | | | |

| 會 者 定 離<br>만날회 놈 자 반드시 정 떠날리 | | | | |
|---|---|---|---|---|
| 語義 만나면 언젠가는 헤어지게 되어있다는 뜻. 인간의 무상함을 인간의 힘으로 어찌할 수 없는 이별의 아쉬움을 일컫는 말. | | | | |

| 刻 舟 求 劍<br>새길각 배 주 구할 구 칼 검 | | | | |
|---|---|---|---|---|
| 語義 사리에 어둡고 융통성이 없음. | | | | |

| 傾 國 之 色<br>기울경 나라국 어조사 지 얼굴색 | | | | |
|---|---|---|---|---|
| 語義 매우 아름다운 여자. | | | | |

| 鷄 鳴 狗 盜<br>닭 계 울 명 개 구 도적도 | | | | |
|---|---|---|---|---|
| 語義 사람이 가져서는 아니 될 천한 재주를 가진 것을 비유하는 말. | | | | |

| 季 布 一 諾<br>끝 계 베 포 한 일 허락할 락 | | | | |
|---|---|---|---|---|
| 語義 한번 한 약속은 끝까지 지킴. | | | | |

## 管鮑之交

대롱관 절인어물 포 어조사 지 사귈교

語義 매우 친한 사이의 사귐.

## 刮目相對

비빌괄 눈 목 서로상 대할대

語義 눈을 비비고 서로 대한다는 뜻으로, 곧 다른 사람의 학식이나 재주가 놀랄 정도로 발전되고 향상된 것을 말함.

## 膠柱鼓瑟

아교교 기둥주 칠 고 비파슬

語義 거문고 기둥을 풀로 붙여 놓고 거문고를 탐. 즉 어떤 규칙에 얽매여 변통을 모르는 것.

## 口尙乳臭

입 구 오히려 상 젖 유 냄새취

語義 입에서 아직 젖비린내가 난다는 뜻으로 상대가 어리고 말과 행동이 유치함을 얕잡아 일컫는 말.

| 群 盲 評 象<br>무리군 장님맹 평할평 끼끼리 상 | | | | |
|---|---|---|---|---|
| 語義 장님 코끼리 만지기. 좁은 소견으로 사물을 속단하여 잘못 판단한다는 뜻이다. | | | | |

| 錦 衣 夜 行<br>비단금 옷 의 밤 야 갈 행 | | | | |
|---|---|---|---|---|
| 語義 아무리 출세하여 열심히 하여도 남이 알아주지 않음. | | | | |

| 南 柯 一 夢<br>남녘남 가지가 한 일 꿈 몽 | | | | |
|---|---|---|---|---|
| 語義 한 때의 부귀와 권세는 헛되고 허황됨. | | | | |

| 老 馬 之 智<br>늙을로 말 마 어조사 지 지혜지 | | | | |
|---|---|---|---|---|
| 語義 늙은 말의 지혜. 하찮은 인간일지라도 나름대로 경험과 지혜가 있음을 비유한 말. | | | | |

## 多 岐 亡 羊

많을다 갈림길 기 잃을망 양 양

語義 학문의 갈래가 많아 바른 길을 잡기가 어렵다는 말.

## 斷 機 之 戒

끊을단 베틀기 어조사 지 계율계

語義 학문을 중도에 그만두면 안 됨을 경계한 말.

## 大 義 滅 親

큰 대 옳을의 멸할멸 친할친

語義 큰 뜻을 위해서는 부모 형제의 정도 돌보지 않음.

## 磨 斧 爲 針

갈 마 도끼부 할 위 바늘침

語義 꾸준히 노력함

| 麥 秀 之 嘆<br>보리맥 빼어날 수 어조사 지 탄식할 탄 | | | | |
|---|---|---|---|---|
| 語義 나라가 망한 것을 한탄함. | | | | |

| 墨 翟 之 守<br>먹 묵 꿩 적 어조사 지 지킬수 | | | | |
|---|---|---|---|---|
| 語義 자기의 의견이나 주장을 굳게 지킴. 전통이나 관습을 굳게 지킴 | | | | |

| 尾 生 之 信<br>꼬리미 날 생 어조사 지 믿을신 | | | | |
|---|---|---|---|---|
| 語義 융통성 없이 약속만을 굳게 지킴. | | | | |

| 蚌 鷸 之 爭<br>조개방 황새휼 어조사 지 다툴쟁 | | | | |
|---|---|---|---|---|
| 語義 두 사람의 이해관계로 제삼자가 이득을 보는 것을 비유한 말. | | | | |

| 伯 牙 絶 絃<br>맏 백 어금니 아 끊을절 줄 현 | | | | |
|---|---|---|---|---|
| 語義 서로 마음속 깊이 이해하고 있는 절친한 친구. | | | | |

| 髀 肉 之 嘆<br>넓적다리 비 고기육 어조사 지 탄식할 탄 | | | | |
|---|---|---|---|---|
| 語義 헛되이 세월만 보내는 것을 탄식함. | | | | |

| 四 面 楚 歌<br>넉 사 얼굴면 나라초 노래가 | | | | |
|---|---|---|---|---|
| 語義 적에게 포위되어 고립된 상태. 또는 주위 사람들이 모두 자기 의견을 반대하여 고립된 상태. | | | | |

| 三 顧 草 廬<br>석 삼 돌아볼고 풀 초 집 려 | | | | |
|---|---|---|---|---|
| 語義 인재를 얻기 위해 끈기 있게 노력함. | | | | |

| 三人成虎<br>석 삼 사람인 이룰성 범 호 | | | | |
|---|---|---|---|---|
| 語義 근거 없는 말도 여러 사람이 하면 믿게 됨. | | | | |

| 塞翁之馬<br>변방새 늙은이 옹 어조사 지 말 마 | | | | |
|---|---|---|---|---|
| 語義 인생의 길·흉·화·복은 늘 바뀌어 변화가 많음. | | | | |

| 宋襄之仁<br>나라송 도울양 어조사 지 어질인 | | | | |
|---|---|---|---|---|
| 語義 소용 없는 동정. 너무 착하기만 하여 쓸데없는 아량을 베풂. | | | | |

| 守株待兎<br>지킬 수 그루 주 기다릴대 토끼 토 | | | | |
|---|---|---|---|---|
| 語義 주변이 없어 변통할 줄을 모르는 어리석음. | | | | |

| 脣亡齒寒<br>입술순 망할망 이 치 찰 한 | | | | |
|---|---|---|---|---|
| 語義 한쪽이 망하면 다른 한쪽도 보전하기 어려움. | | | | |

| 殃及池魚<br>재앙앙 미칠급 못 지 고기어 | | | | |
|---|---|---|---|---|
| 語義 성문의 불을 끄느라 물고기까지 다 죽었다는 고사에서 유래한 말로 재앙이 뜻하지 아니한 곳까지 미침. | | | | |

| 梁上君子<br>들보량 윗 상 임금군 아들자 | | | | |
|---|---|---|---|---|
| 語義 도둑을 일컫는 말. | | | | |

| 掩耳盜鈴<br>가릴엄 귀 이 도적도 방울령 | | | | |
|---|---|---|---|---|
| 語義 제 귀를 막고 방울을 훔친다는 뜻으로 드러난 것을 얕은 수로 속이려는 모양을 이름. | | | | |

| 吳 越 同 舟<br>나라오 나라월 같을동 배 주 | | | | |
|---|---|---|---|---|
| 語義 오나라 사람과 월나라 사람이 한 배에 탄다는 뜻으로 서로 이해관계를 달리 하는 사람도 같은 처지에 놓여서는 서로 돕게 된다는 말. | | | | |

| 緣 木 求 魚<br>인연연 나무목 구할구 고기어 | | | | |
|---|---|---|---|---|
| 語義 목적과 수단이 일치하지 않아 성공할 수 없음. | | | | |

| 五 十 笑 百<br>다섯오 열 십 웃을소 백 백 | | | | |
|---|---|---|---|---|
| 語義 좀 낫고 못한 정도의 차이는 있으나, 크게 보아서는 본질상 차이가 없음을 말함. | | | | |

| 溫 故 知 新<br>익힐온 옛 고 알 지 새 신 | | | | |
|---|---|---|---|---|
| 語義 옛 것을 익혀 새로운 것을 안다는 뜻임. | | | | |

臥 薪 嘗 膽
누울와 땔나무 신 맛볼상 쓸개담

語義 원수를 갚으려고 괴롭고 어려운 일을 참고 견디는 것을 비유하는 말로 원수를 갚거나 목적을 이루기 위하여 오랜 날을 괴로움을 참고 견딤을 말함.

愚 公 移 山
어리석을 우 공 공 옮길이 뫼 산

語義 마음만 단단히 먹고 일을 시작하면 大事라도 반드시 성공함을 말함.

泣 斬 馬 謖
울 읍 벨 참 말 마 일어날속

語義 큰 목적을 위하여는 사랑하는 사람도 버림을 뜻함.

糟 糠 之 妻
술찌꺼미조 겨 강 어조사 지 아내처

語義 고생을 함께 한 아내. 또는 본처를 뜻함.

| 酒 池 肉 林<br>술 주 못 지 고기육 수풀림 | | | | |
|---|---|---|---|---|
| 語義 술은 못을 이루고 고기는 숲을 이룬다는 뜻으로 화려한 잔치를 말함. | | | | |

| 指 鹿 爲 馬<br>가리킬 지 사슴록 할 위 말 마 | | | | |
|---|---|---|---|---|
| 語義 윗 사람을 속여 권세를 함부로 함을 말함. | | | | |

| 天 衣 無 縫<br>하늘천 옷 의 없을무 바느질 봉 | | | | |
|---|---|---|---|---|
| 語義 선녀의 옷은 솔기나 바느질 흔적이 없다는 뜻으로 시가나 문장이 매우 자연스럽게 잘되어 흠이 없음을 비유함. | | | | |

| 兎 死 狗 烹<br>토끼토 죽을사 개 구 삶을팽 | | | | |
|---|---|---|---|---|
| 語義 쓸모가 없어지면 없애 버린다는 뜻임. | | | | |

| 泰 山 北 斗<br>클 태 뫼 산 북녘 북 말 두 |
|---|
| 語義 사람들이 우러러 존경할 만한 훌륭한 인물을 말함. |

| 吐 哺 握 髮<br>뱉을토 먹을포 쥘 악 터럭발 |
|---|
| 語義 손님에 대한 극진한 대우, 또는 군주가 어진 인재를 예의를 갖추어 맞이함. |

| 邯 鄲 之 夢<br>고을한 고을단 어조사 지 꿈 몽 |
|---|
| 語義 인생의 부귀 영화가 헛됨을 이르는 말. |

| 邯 鄲 之 步<br>고을한 고을단 어조사 지 걸음보 |
|---|
| 語義 본분을 잊고 억지로 남의 흉내를 냄을 이르는 말. |

| 狐 假 虎 威<br>여우호 빌릴가 범 호 위세위 | | | | |
|---|---|---|---|---|
| 語義 남의 권세를 빌려 위세를 부림을 이르는 말. | | | | |

| 畫 龍 點 睛<br>그릴화 용룡 점 점 눈동자정 | | | | |
|---|---|---|---|---|
| 語義 무슨 일을 하는데 가장 긴요한 부분을 마치어 완성함. 또는 사물의 가장 중요한 곳을 이르는 말. | | | | |

| 畫 蛇 添 足<br>그릴화 뱀 사 보탤첨 발 족 | | | | |
|---|---|---|---|---|
| 語義 필요 없는 것을 덧붙임을 이르는 말. | | | | |

# 06
# 약자(略字)의 이해와 활용

## 1. 약자(略字)의 이해와 활용

약자는 글자의 획수를 줄여 간단하게 쓴 글자를 말한다. 한자는 여러 가지 사물을 본따서 만든 관계로 복잡한 구조를 가지고 있다. 그러므로 일상생활에서 손쉽게 쓰기 어려운 점 도 없지 않다. 특히 바쁠 때나 받아 적을 때 더욱 어려움을 겪는 경우가 많다. 따라서 약자를 잘 활용하면 보다 쉽게 한자를 쓸 수 있다.

亞 亜 버금 아
殺 殺 죽일살
嶽 岳 큰산 악
壓 圧 누를 압
參 参 참여할 참
喝 喝 더위 먹을 갈
證 証 증거 증
溪 渓 시내 계
爲 為 될 위
慘 惨 참혹할 참

學 学 배울 학
稱 称 일컬을 칭
莖 茎 줄기 경
樂 楽 즐거울 락
燒 焼 불사를 소
揭 掲 들 게
醫 医 의원 의
蠶 蚕 누에 잠
褐 褐 털옷 갈
條 条 가지 조

徑 径 지름길 경
惡 悪 나쁠 악
雜 雑 섞일 잡
惠 恵 은혜 혜
圍 囲 둘레 위
棧 桟 잔도 잔
渴 渇 목마를 갈
奬 奨 권면할 장
經 経 날 경
壹 壱 한 일

卷 巻 문서 권
狀 状 모양 상
輕 軽 가벼울 경
隱 隠 숨을 은
絲 糸 실 사
寬 寛 너그러울 관
剩 剰 남을 잉
藝 芸 심을 예
衛 衛 지킬 위
齒 歯 이 치
歡 歓 기뻐할 환
壤 壌 흙양
硏 研 갈 연
圓 円 둥글 원
濕 湿 젖을 습
祈 祈 빌 기
釀 醸 빚을 양
劍 剣 칼 검
應 応 응할 응
社 社 모일 사
器 器 그릇 기
神 神 귀신 신
檢 検 봉할 권
櫻 桜 벚나무 앵
釋 釈 풀 석
犧 犠 희생 희
愼 慎 삼갈 신
顯 顕 드러날 현
螢 蛍 개똥벌레 형
逸 逸 달아날 일
殘 残 남을 잔
勸 勧 권할 권
淨 浄 깨끗할 정
鷄 鶏 닭 계
營 営 경영할 영
視 視 볼 시
關 関 빗장 관
繩 縄 새끼줄 승
缺 欠 이그러질 결
謁 謁 아뢸 알
辭 辞 말씀 사
氣 気 기운 기
讓 譲 사양할 양
儉 倹 검소할 검
緣 縁 인연 연
寫 写 베낄 사
歸 帰 돌아갈 귀
囑 嘱 부탁할 촉
圈 圏 우리 권
毆 殴 때릴 구
煮 煮 삶을 자
戱 戯 탄식할 희
寢 寝 잠잘 침
權 権 권세 권
橫 横 가로 횡
收 収 거둘 수
贊 賛 도울 찬
陷 陥 빠질 함
乘 乗 탈 승
繼 継 이을 계
榮 栄 영화 영
祉 祉 복 지
漢 漢 나라 한
疊 畳 겹쳐질 첩
擊 撃 부딪칠 격
驛 駅 역말 역
兒 児 아이 아
觀 観 볼 관
孃 嬢 계집애 양
縣 県 매달 현
鹽 塩 소금 염
實 実 열매 실
旣 既 이미 기
觸 触 닿을 촉
險 険 험할 험
歐 欧 유럽 구
者 者 놈 자
僞 偽 거짓 위
眞 真 참 진
獻 献 드릴 헌
奧 奥 속 오
壽 寿 목숨 수
舊 旧 옛 구
盡 尽 다할 진

溫 温 따뜻할 온
臭 臭 냄새 취
擧 挙 들 거
粹 粋 순수할 수
廣 広 넓을 광
價 価 값 가
獸 獣 짐승 수
挾 挟 낄 협
隨 随 따를 수
黃 黄 누를 황
會 会 모일 회
肅 粛 엄숙할 숙
響 響 울릴 향
數 数 셀 수
國 国 나라 국
繪 絵 그림 회
署 署 관청 서
謹 謹 삼갈 근
齊 斉 가지런할 제
碎 砕 부술 쇄
擴 拡 늘일 확
敍 叙 차례 서
巖 岩 바위 암
殼 殻 껍질 각
將 将 장수 장
薰 薫 향내 훈
節 節 마디 절
黨 党 무리 당

據 拠 의거할 거
圖 図 그림 도
嚴 厳 엄할 엄
假 仮 거짓 가
澁 渋 떫을 삽
峽 峡 골짜기 협
穗 穂 이삭 수
恆 恒 항상 항
畫 画 그림 화
祝 祝 빌 축
鄕 郷 시골 향
樞 枢 지도리 추
號 号 부를 호
海 海 바다 해
暑 暑 더울 서
勤 勤 부지런할 근
聲 声 소리 성
穀 穀 곡식 곡
槪 概 절개 개
諸 諸 모두 제
驅 駆 몰 구
竊 窃 훔칠 절
鬱 欝 답답할 울
勳 勲 공 훈
攝 摂 당길 섭
劑 剤 약 지을 제
專 専 오로지 전
侮 侮 업신여길 모

驗 験 증험할 험
穩 穏 평온할 온
從 従 따를 종
虛 虚 빌 허
醉 酔 취할 취
效 効 본받을 효
禍 禍 재화 화
縱 縦 세로 종
狹 狭 좁을 협
髓 髄 골수 수
鑛 鉱 쇳돌 광
悔 悔 뉘우칠 회
處 処 곳 처
曉 暁 새벽 효
瀨 瀬 여울 뢰
黑 黒 검을 흑
壞 壊 무너질 괴
緖 緒 실마리 서
區 区 지경 구
靜 静 고요할 정
濟 済 건널 제
蠅 蝿 파리 승
莊 荘 엄할 장
齋 斎 재계할 재
覺 覚 깨달을 각
祥 祥 상서로울 상
滯 滞 막힐 체
亂 乱 어지러울 란

淺 浅 얕을 천
福 福 복 복
瀧 滝 비올 롱
欄 欄 난간 란
鬪 闘 싸울 투
錢 銭 돈 전
倂 併 아우를 병
擔 担 멜 담
虜 虜 포로 로
讀 読 읽을 독
禪 禅 선위할 선
邊 辺 가 변
嘆 嘆 탄식할 탄
綠 緑 푸를 록
難 難 어려울 난
壯 壮 씩씩할 장
勉 힘쓸 면
彈 弾 탄알 탄
莊 荘 무성할 장
寶 宝 보배 보
癡 痴 어리석을 치
勵 励 힘쓸 려
拜 拝 절 배
巢 巣 집 소
墨 墨 먹 묵
鑄 鋳 부어만들 주
齡 齢 나이 령
梅 梅 매화 매

臺 台 대 대
覽 覧 볼 람
稻 稲 벼 도
踐 践 밟을 천
佛 仏 부처 불
澤 沢 못 택
隆 隆 성할 륭
獨 独 홀로 독
纖 繊 가늘 섬
塀 塀 담 병
膽 胆 쓸개 담
獵 猟 사냥할 렵
屆 届 이를 계
雙 双 두 쌍
辯 弁 말잘 할 변
斷 断 끊을 단
壘 塁 늘비할 루
惱 悩 번뇌할 뇌
遲 遅 더딜 지
禮 礼 예도 례
霸 覇 으뜸 패
插 挿 꽂을 삽
褒 褒 기릴 포
晝 昼 낮 주
靈 霊 신령 령
賣 売 팔 매
僧 僧 중 승
每 毎 매양 매

盜 盗 훔칠 도
戰 戦 싸울 전
拂 払 털 불
擇 択 가릴 택
龍 竜 용 룡
德 徳 덕 덕
潛 潜 잠길 잠
竝 並 나란히 설 병
單 単 홑 단
兩 両 두 량
突 突 부딪칠 돌
祖 祖 조상 조
變 変 변할 변
團 団 둥글 단
淚 涙 눈물 루
貳 弐 두 이
爭 争 다툴 쟁
類 類 무리 류
腦 脳 뇌 뇌
搜 捜 찾을 수
豐 豊 풍성할 풍
蟲 虫 벌레 충
戾 戻 이그러질 려
廢 廃 폐할 폐
裝 装 꾸밀 장
飜 翻 날 번
著 著 드러날 저
曆 暦 책력 력

層 層 층 층
萬 万 일만 만
徵 徵 부를 징
戀 恋 사모할 련
髮 髪 터럭 발
增 増 더할 증
黙 黙 묵묵할 묵
敕 勅 조서 칙
勞 労 일할 로
晩 늦을 만
贈 贈 보낼 증
與 与 줄 여
遞 逓 바꿀 체
廊 廊 복도 랑
祕 秘 숨길 비
屬 属 붙을 속
譽 誉 기릴 예
轉 転 구를 전
灣 湾 물굽이 만
賓 손 빈
對 対 대할 대
謠 謡 노래 요
燈 灯 등잔 등
彌 弥 두루 미
甁 瓶 항아리 병

廳 庁 관청 청
歷 歴 지낼 력
發 発 필 발
騷 騒 떠들 소
免 면할 면
懲 懲 징계할 징
爐 炉 화로 로
繁 繁 번성할 번
藏 蔵 감출 장
藥 薬 약 약
塚 塚 무덤 총
朗 朗 밝을 랑
卑 낮을 비
卽 即 곧 즉
餘 余 남을 여
點 点 점 점
錄 録 기록할 록
濱 浜 물가 빈
墮 堕 떨어질 타
樣 様 모양 양
都 都 도읍 도
聯 联 잇달 련
敏 敏 재빠를 민
帶 帯 띠 대
賴 頼 힘입을 뢰

麥 麦 보리 맥
總 総 거느릴 총
滿 満 가득찰 만
聽 聴 들을 청
練 練 익힐 련
拔 抜 뽑을 발
憎 憎 미워할 증
譯 訳 통변할 역
鎭 鎮 누를 진
郞 郎 사내 랑
蠻 蛮 오랑캐 만
臟 臓 오장 장
豫 予 미리 예
鐵 鉄 쇠 철
樓 楼 다락 루
碑 비석 비
續 続 이을 속
搖 揺 흔들 요
傳 伝 전할 전
鍊 錬 불릴 련
頻 자주 빈
體 体 몸 체
來 来 올 래
當 当 마땅 당
繡 繍 수놓을 수

# 07
# 한자능력 검정시험의 이해

## 1. 한자능력 검정시험의 이해

국가를 대신하여 '한자능력검정시험'을 시행하는 대표적 기관으로는 <한국어문회> · <대한검정회> · <한국상공회의소> · <한국한자한문능력개발원> 등을 들 수 있다. 그리고 문제유형은 각각의 기관마다 나름의 특징이 있으며, 급수별로 적잖게 다르기도 하지만, 5급 이상에 해당하는 검정시험 문제들의 대체적인 유형과 경향을 정리하면 다음과 같다.

- 독음(讀音) : 한자의 소리를 묻는 문제. 두음법칙, 속음현상, 장 · 단음 문제도 출제.
- 훈음(訓音) : 한자의 뜻과 소리를 동시에 묻는 문제. 대표 훈 · 음을 중심으로 출제.
- 한자 쓰기 : 제시된 뜻 · 소리 · 단어 등에 해당하는 한자를 쓸 수 있는가를 확인하는 문제.
- 부수(部首)와 장단음(長短音) : 한자의 부수와 첫소리 발음의 길고 짧음을 구분할 수 있는가를 묻는 문제. 준4급 이상에서 출제되는 것이 통례.
- 동의어(同義語)·유의어(類義語) : 어떤 한자(단어)와 뜻이 같거나 유사한 한자(단어)를 알고 있는가를 묻는 문제.
- 반의어(反意語)·상대어(相對語) : 어떤 한자(단어)와 뜻이 반대 혹혼 상대되는 한자(단어)를 알고 있는가를 묻는 문제.

• 동음이의어(同音異議語) : 소리는 같고, 뜻은 다른 단어를 알고 있는가를 묻는 문제.
• 약자(略字) : 한자의 획을 줄여서 만든 글자를 알고 있는가를 묻는 문제.
• 어구풀이와 완성형 : 단어나 고사성어의 뜻을 제대로 알고 있는가를 묻거나, 빈 칸을 채우도록 하여 한자 어휘의 이해력 및 조어력을 묻는 문제.

한자능력의 등급과 기준은 '한자능력검정시험' 시행 기관에 따라 다소 차이가 있다. 그러나 통상적으로 1등급에서 8등급까지 여덟 단계로 구분하며, 그 사이에 준3급 · 준4급 · 준5급 등의 세 단계를 더 설정해 11단계로 구분하기도 하고, 또 여기에 최고 등급인 특급을 설정하여 한자교육 지도사 자격을 부여하기도 한다. 이와 함께 3급(준3급) 이상을 '국가공인시험'으로 분류하며, 4급 이하를 '교육급수시험'으로 분류하여 시행하는 것이 일반적이다. 그리하여 '국가공인시험'에 해당하는 3급(준3급) 이상의 등급을 취득했을 때 한자에 대한 실질적인 능력을 인정하여, 이러한 능력을 필요로 하는 분야의 전형이나 자격요건 구비 항목에서 이른바 가산점을 부여하는 것이 통례다.

**| 한자능력 검정시험 급수와 배정 한자수 및 급수별 수준과 특성 |**

| 급수 | 읽기 | 쓰기 | 수준 및 특성 |
|---|---|---|---|
| 1급 | 3,500 | 2005 | 국한 혼용 고전을 분편 없이 읽고 공부할 수 있는 수준 |
| 2급 | 2,355 | 1817 | 일상 한자어를 구사할 수 있는 수준 |
| 3급 | 1,817 | 1000 | 신문 또는 일반 교양어를 읽을 수 있는 수준 |
| 준3급 | 1,500 | 750 | 4급과 3급의 격차를 해소하기 위한 급수 |
| 4급 | 1,000 | 500 | 초급에서 중급으로 올라가는 급수 |
| 준4급 | 750 | 400 | 5급과 4급의 격차를 해소하기 위한 급수 |
| 5급 | 500 | 300 | 학습용 한자쓰기를 시작하는 급수 |
| 6급 | 300 | 150 | 기초 한자쓰기를 시작하는 급수 |
| 준6급 | 300 | 50 | 한자쓰기를 시작하는 급수 |
| 7급 | 150 | - | 한자공부를 처음 시작하는 분을 위한 초급단계 |
| 8급 | 50 | - | 미취학생 또는 초등학생의 학습 동기부여를 위한 급수 |

* 상위급수 한자는 하위 급수 한자를 모두 포함하고 있음.
* 쓰기 배정한자는 한두 급수 아래의 읽기 배정한자이거나 그 범위 내에 있음.

| 한자능력 검정시험 급수별 출제 문항수와 합격 문항수 및 시험시간 |

| 구분 | 공인급수 | | 교육급수 | | | | |
|---|---|---|---|---|---|---|---|
| | 1급 | 2급·3급·준3급 | 4급·준4급·5급 | 6급 | 준6급 | 7급 | 8급 |
| 출제문항수 | 200 | 150 | 100 | 90 | 80 | 70 | 50 |
| 합격문항수 | 160 | 105 | 70 | 63 | 56 | 49 | 35 |
| 시험시간 | 90분 | 60분 | 50분 | | | | |

* 1급은 출제 문항의 80% 이상, 2급~8급은 70% 이상 득점하면 합격.

## 2. 한자급수 8급에서 3급 익히기

### ■ 가

- 가 : 家(집 가), 佳(아름다울 가), 街(거리 가), 可(옳을 가), 歌(노래 가), 加(더할 가), 價(값 가), 假(거짓 가), 架(시렁 가), 暇(겨를 가)
- 각 : 各(각각 각), 角(뿔 각), 脚(다리 각), 閣(누각 각), 却(물리칠 각), 覺(깨달을 각), 刻(새길 각)
- 간 : 干(방패 간), 間(사이 간), 看(볼 간), 刊(책 펴낼 간), 肝(간 간), 幹(줄기 간), 簡(대쪽 간), 姦(간사할 간), 懇(정성 간)
- 갈 : 渴(목마를 갈)
- 감 : 甘(달감), 減(감), 感(느낄감), 敢(감히감), 監(볼 감), 鑑(거울 감=鑒)
- 갑 : 甲(갑옷 갑)
- 강 : 江(강 강), 降(내릴 강), 講(익힐강), 强(굳셀 강), 康(편안할 강), 剛(굳셀 강), 鋼(강철 강), 綱(벼리 강)
- 개 : 改(고칠 개), 慨(분개할 개), 個(낱개=箇), 開(열 개), 介(끼일개), 槪(대개개), 蓋(덮을개=盖), 皆(다 개)
- 객 : 客(손 객)
- 갱 : 更(다시 갱)
- 거 : 去(갈 거), 巨(클 거), 居(있을 거), 車(수레 거), 擧(들 거), 距(떨어질 거), 拒(막을 거), 據(의거할 거)

- 건 : 建(세울 건), 乾(하늘 건), 件(사건 건), 健(튼튼할 건)
- 걸 : 傑(뛰어날 걸), 乞(빌 걸)
- 검 : 儉(검소할 검), 劍(칼 검=劒), 檢(검사할 검)
- 격 : 格(바로잡을 격), 擊(부딪칠 격), 激(과격할 격), 隔(사이 뜰 격),
- 견 : 犬(개 견), 見(볼 견), 堅(굳을 견), 肩(어깨 견), 絹(명주 견), 遣(보낼 견), 牽(끌 견)
- 결 : 決(터질 결), 結(맺을 결), 潔(깨끗할 결), 缺(이지러질 결)
- 겸 : 兼(겸할 겸), 謙(겸손할 겸)
- 경 : 京(서울경), 景(볕경), 輕(가벼울경), 經(경서경), 庚(일곱째 천간 경), 耕(밭갈경), 敬(공경할경),驚(놀랄경), 慶(경사경), 競(겨룰경), 竟(다할 경), 境(지경 경), 鏡(거울 경), 頃(잠깐 경), 傾(기울 경), 硬(굳을 경), 警(경계할 경), 徑(지름길 경), 卿(벼슬 경)
- 계 : 癸(열째 천간 계), 季(끝 계), 界(지경 계), 計(꾀 계), 溪(시내 계), 鷄(닭 계), 系(이을 계), 係(걸릴 계), 戒(경계할 계), 械(형틀 계), 繼(이을 계), 契(맺을 계), 桂(계수나무 계), 啓(열 계), 階(섬돌 계), 繫(맬 계)
- 고 : 古(옛 고), 故(옛 고), 固(굳을 고), 苦(쓸 고), 考(상고할 고=攷), 高(높을 고), 告(알릴 고), 枯(마를 고), 姑(시어미 고), 庫(곳집 고), 孤(외로울 고), 鼓(북 고), 稿(볏집 고), 顧(돌아볼 고)
- 곡 : 谷(골 곡), 曲(굽을 곡), 穀(곡식 곡), 哭(울 곡), 困(괴로울 곤), 坤(땅 곤)
- 골 : 骨(뼈 골)
- 공 : 工(장인 공), 功(공로 공), 空(빌 공), 共(함께 공), 公(공변될 공), 孔(구멍 공), 供(이바지할 공), 恭(공손할 공), 攻(칠 공), 恐(두려울 공), 貢(바칠 공)
- 과 : 果(과실 과), 課(매길 과), 科(과정 과), 過(지날 과), 誇(자랑할 과), 寡(적을 과)
- 곽 : 郭(성곽 곽)
- 관 : 官(벼슬 관), 觀(볼 관), 關(빗장 관), 館(객사 관), 管(피리 관), 貫(꿸 관), 慣(버릇 관), 冠(갓 관), 寬(너그러울 관)
- 광 : 光(빛 광), 廣(넓을 광), 鑛(쇳돌 광), 狂(미칠 광)
- 괘 : 掛(걸 괘)
- 괴 : 塊(흙덩이 괴), 愧(부끄러워할 괴), 怪(기이할 괴), 壞(무너질 괴)
- 교 : 交(사귈 교), 校(학교 교), 橋(다리 교), 敎(가르칠 교), 郊(성 밖 교), 較(견줄 교), 巧(공교할 교), 矯(바로잡을 교)

- 구 : 九(아홉 구), 口(입 구), 求(구할 구), 救(건질 구), 究(궁구할 구), 久(오랠 구), 句(글귀 구), 舊(예 구), 具(갖출 구), 俱(함께 구), 區(지경 구), 驅(몰 구), 苟(진실로 구), 拘(잡을 구), 狗(개 구), 丘(언덕 구), 懼(두려워할 구), 龜(땅이름 구), 構(얽을 구), 球(공 구)
- 국 : 國(나라 국), 菊(국화 국), 局(판 국)
- 군 : 君(임금 군), 郡(고을 군), 軍(군사 군), 群(무리 군)
- 굴 : 屈(굽을 굴)
- 궁 : 弓(활 궁), 宮(집 궁), 窮(다할 궁)
- 권 : 卷(책 권), 權(권세 권), 勸(권할 권), 券(문서 권), 拳(주먹 권)
- 궐 : 厥(그 궐)
- 궤 : 軌(길 궤)
- 귀 : 貴(귀할 귀), 歸(돌아갈 귀), 鬼(귀신 귀)
- 규 : 叫(부르짖을 규), 規(법 규), 糾(살필 규)
- 균 : 均(고를 균), 菌(버섯 균)
- 극 : 極(다할 극), 克(이길 극), 劇(심할 극)
- 근 : 近(가까울 근), 勤(부지런할 근), 根(뿌리 근), 斤(도끼 근), 僅(겨우 근), 謹(삼갈 근)
- 금 : 金(쇠 금), 今(이제 금), 禁(금할 금), 錦(비단 금), 禽(날짐승 금), 琴(거문고 금)
- 급 : 及(미칠 급), 給(넉넉할 급), 急(급할 급), 級(등급 급), 肯(긍정할 긍)
- 긴 : 緊(긴요할 긴)
- 길 : 吉(길할 길)
- 기 : 己(몸 기), 記(기록할 기), 起(일어날 기), 其(그 기), 期(기약할 기), 基(터 기), 氣(기운 기), 技(재주 기), 幾(기미 기), 旣(이미 기), 紀(벼리 기), 忌(꺼릴 기), 旗(기 기), 欺(속일 기), 奇(기이할 기), 騎(말탈 기), 寄(부칠 기), 豈(어찌기), 棄(버릴 기), 祈(빌 기), 企(꾀할 기), 畿(경기기), 飢(주릴 기), 器(그릇 기), 機(틀 기)

## ■ 나

- 나 : 那(어찌 나)
- 낙 : 諾(대답할 낙)
- 남 : 南(남녘 남), 男(사내 남)
- 납 : 納(바칠 납)

- 낭 : 娘(아가씨 낭)
- 내 : 內(안 내), 乃(이에 내), 奈(어찌내), 耐(견딜내)
- 녀 : 女(계집녀)
- 년 : 年(해 년)
- 념 : 念(생각할 념)
- 녕 : 寧(편안할 녕)
- 노 : 怒(성낼노), 奴(종 노), 努(힘쓸 노)
- 농 : 農(농사 농)
- 뇌 : 腦(뇌 뇌), 惱(괴로워할 뇌)
- 능 : 能(능할 능)
- 니 : 泥(진흙 니)

■ 다

- 다 : 多(많을 다), 茶(차 다)
- 단 : 丹(붉을 단), 但(다만 단), 單(홑 단), 短(짧을 단), 端(바를 단), 旦(아침 단), 段(구분 단), 壇(단 단), 檀(박달나무 단), 斷(끊을 단), 團(둥글 단)
- 달 : 達(통달할 달)
- 담 : 談(말씀 담), 淡(묽을 담), 擔(멜 담)
- 답 : 答(대답할 답), 畓(논 답), 踏(밟을 답)
- 당 : 堂(집 당), 當(당할 당), 唐(당나라 당), 糖(사탕 당), 黨(무리 당)
- 대 : 大(큰 대), 代(대신할 대), 待(기다릴 대), 對(대답할 대), 帶(띠 대), 臺(대 대), 貸(빌릴 대), 隊(떼 대)
- 덕 : 德(덕 덕=悳)
- 도 : 刀(칼 도), 到(이를 도), 度(법도 도), 道(길 도), 島(섬 도), 徒(무리 도), 都(도읍 도), 圖(그림 도), 倒(넘어질 도), 挑(휠 도), 桃(복숭아나무 도), 跳(뛸 도), 逃(달아날 도), 渡(건널 도), 陶(질그릇 도), 途(길 도), 稻(벼 도), 導(이끌 도), 盜(훔칠 도), 塗(진흙 도)
- 독 : 讀(읽을 독), 獨(홀로 독), 毒(독 독), 督(살펴볼 독), 篤(도타울 독)
- 돈 : 豚(돼지 돈), 敦(도타울 돈)
- 돌 : 突(갑자기 돌)

- 동 : 同(한가지 동), 洞(골짜기 동), 童(아이 동), 冬(겨울 동), 東(동녘 동), 動(움직일 동), 銅(구리 동), 凍(얼 동)
- 두 : 斗(말 두), 豆(콩 두), 頭(머리 두)
- 둔 : 鈍(무딜 둔), 屯(진칠 둔)
- 득 : 得(얻을 득)
- 등 : 等(가지런할 등), 登(오를 등), 燈(등잔 등), 騰(오를 등)

## ■ 라

- 라 : 羅(벌릴 라),
- 락 : 落(떨어질 락), 樂(즐길 락), 絡(헌솜 락)
- 란 : 卵(알 란), 亂(어지러울 란), 蘭(난초 란), 欄(난간 란)
- 람 : 覽(볼 람), 濫(퍼질 람)
- 랑 : 浪(물결 랑), 郎(사내 랑), 廊(복도 랑)
- 래 : 來(올 래)
- 랭 : 冷(찰 랭)
- 략 : 略(다스릴 략), 掠(노략질할 략
- 량 : 良(어질 량), 兩(두 량), 量(헤아릴 량), 凉(서늘할 량), 梁(들보 량), 糧(양식 량), 諒(믿을 량)
- 려 : 旅(군사 려), 麗(고울 려), 慮(생각할 려), 勵(힘쓸 려)
- 력 : 力(힘 력), 歷(지낼 력), 曆(책력 력)
- 련 : 連(잇닿을 련), 練(익힐 련), 鍊(불릴 련), 憐(불쌍히 여길 련), 聯(잇달 련), 戀(사모할 련), 蓮(연 련)
- 렬 : 列(벌일 렬), 烈(세찰 렬), 裂(찢을 렬), 劣(못할 렬)
- 렴 : 廉(청렴할 렴)
- 렵 : 獵(사냥 렵)
- 령 : 令(명령할 령), 領(옷깃 령), 嶺(재 령), 零(떨어질 령), 靈(신령 령)
- 례 : 例(법식 례), 禮(예도 례), 隸(종 례)
- 로 : 路(길 로), 露(이슬 로), 老(늙은이 로), 勞(일할 로), 爐(화로 로)
- 록 : 綠(초록빛 록), 祿(복 록), 錄(기록할 록), 鹿(사슴 록)

- 론 : 論(말할 론)
- 롱 : 弄(희롱할 롱)
- 뢰 : 雷(우레 뢰), 賴(힘입을 뢰)
- 료 : 料(헤아릴 료), 了(마칠 료), 僚(동료 료)
- 룡 : 龍(용 룡)
- 루 : 屢(창 루), 樓(다락 루), 累(묶을 루), 淚(눈물 루), 漏(샐 루)
- 류 : 柳(버들 류), 留(머무를 류), 流(흐를 류), 類(무리 류)
- 륙 : 六(여섯 륙), 陸(뭍 륙)
- 륜 : 倫(인륜 륜), 輪(바퀴 륜)
- 률 : 律(법 률), 栗(밤나무 률), 率(헤아릴 률)
- 륭 : 隆(클 륭)
- 릉 : 陵(큰 언덕 릉)
- 리 : 里(마을 리), 理(다스릴 리), 利(이로울 리), 李(오얏 리), 梨(배나무 리), 吏(벼슬아치 리), 離(떼놓을 리), 裏(속 리=裡), 履(밟을 리)
- 린 : 隣(이웃 린)
- 림 : 林(수풀 림), 臨(임할 림)
- 립 : 立(설 립)

## ■ 마

- 마 : 馬(말 마), 麻(삼 마), 磨(갈 마)
- 막 : 莫(없을 막), 幕(막 막), 漠(사막 막)
- 만 : 萬(일만 만), 晩(늦을 만), 滿(찰 만), 漫(질펀할 만), 慢(게으를 만)
- 말 : 末(끝 말)
- 망 : 亡(망할 망), 忙(바쁠 망), 忘(잊을 망), 望(바랄 망), 茫(아득할 망), 妄(망령될 망), 罔(그물 망)
- 매 : 每(매양 매), 買(살 매), 賣(팔 매), 妹(누이 매), 梅(매화나무 매), 埋(묻을 매), 媒(중매 매)
- 맥 : 麥(보리 맥), 脈(맥 맥)
- 맹 : 孟(맏 맹), 猛(사나울 맹), 盟(맹세할 맹), 盲(소경 맹)

- 면 : 免(면할 면), 勉(힘쓸 면), 面(낯 면), 眠(잠잘 면), 綿(이어질 면)
- 멸 : 滅(멸망할 멸)
- 명 : 名(이름 명), 命(목숨 명), 明(밝을 명), 鳴(울 명), 銘(새길 명), 冥(어두울 명)
- 모 : 母(어미 모), 毛(털 모), 暮(저물 모), 某(아무개 모), 謀(꾀할 모), 模(법 모), 貌(얼굴 모), 募(모을 모), 慕(그리워할 모), 侮(업신여길 모), 冒(무릅쓸 모)
- 목 : 木(나무목), 目(눈목), 牧(칠목), 睦(화목할 목)
- 몰 : 沒(가라앉을 몰)
- 몽 : 夢(꿈 몽), 蒙(입을 몽)
- 묘 : 卯(토끼 묘), 妙(묘할 묘), 苗(모 묘), 廟(사당 묘), 墓(무덤 묘)
- 무 : 戊(다섯째 천간 무), 茂(우거질 무), 武(굳셀 무), 務(일 무), 無(없을 무=无), 舞(춤출 무), 貿(바꿀 무), 霧(안개 무)
- 묵 : 墨(먹 묵), 默(묵묵할 묵)
- 문 : 門(문 문), 問(물을 문), 聞(들을 문), 文(글월 문)
- 물 : 勿(말 물), 物(만물 물)
- 미 : 米(쌀 미), 未(아닐 미), 味(맛 미), 美(아름다울 미), 尾(꼬리 미), 迷(미혹할 미), 微(작을 미), 眉(눈썹 미)
- 민 : 民(백성 민), 敏(재빠를 민), 憫(근심할 민)
- 밀 : 密(빽빽할 밀), 蜜(꿀 밀)

■ 바

- 박 : 朴(순박할 박), 泊(머무를 박), 拍(칠 박), 迫(닥칠 박), 博(넓을박), 薄(엷을 박)
- 반 : 反(되돌릴반), 飯(밥반), 半(반 반), 般(돌 반), 盤(소반 반), 班(나눌 반), 返(돌아올 반), 叛(배반할 반), 伴(짝 반)
- 발 : 發(쏠 발), 拔(뺄 발), 髮(터럭 발)
- 방 : 方(모 방), 房(방 방), 防(막을 방), 放(놓을 방), 訪(찾을 방), 芳(꽃다울 방), 傍(곁 방), 妨(방해할 방), 倣(본뜰 방), 邦(나라 방)
- 배 : 拜(절 배), 杯(잔 배=盃), 倍(곱 배), 培(북돋을 배), 配(아내 배), 排(밀칠 배), 輩(무리 배), 背(등 배)
- 백 : 白(흰 백), 百(일백 백), 伯(맏 백)
- 번 : 番(차례 번), 煩(괴로워할 번), 繁(많을 번), 飜(펄럭일 번)

- 벌 : 伐(칠 벌), 罰(죄 벌),
- 범 : 凡(무릇 범), 犯(범할 범), 範(법 범)
- 법 : 法(법 법)
- 벽 : 壁(벽 벽), 碧(푸를 벽)
- 변 : 變(변할 변), 辯(말 잘할 변), 辨(분별할 변), 邊(가 변)
- 별 : 別(나눌 별)
- 병 : 丙(남녘 병), 病(병 병), 兵(군사 병), 竝(아우를 병), 屛(병풍 병)
- 보 : 保(지킬 보), 步(걸음 보), 報(갚을 보), 普(널리 보), 譜(족보 보), 補(도울 보), 寶(보배 보)
- 복 : 福(복 복), 伏(엎드릴 복), 服(옷 복), 復(돌아올 복), 腹(배 복), 複(겹칠 복), 卜(점 복), 覆(뒤집힐 복)
- 본 : 本(밑 본)
- 봉 : 奉(받들 봉), 逢(만날 봉), 峯(봉우리 봉=峰), 蜂(벌 봉), 封(봉할 봉), 鳳(봉황새 봉)
- 부 : 夫(지아비 부), 扶(도울 부), 父(아비 부), 富(넉넉할 부), 部(거느릴 부), 婦(며느리 부), 否(아닐 부), 浮(뜰 부), 付(줄 부), 符(부신 부), 附(붙을 부), 府(마을 부), 腐(썩을 부), 負(질 부), 副(버금 부), 簿(장부 부), 赴(나아갈 부), 賦(구실 부)
- 북 : 北(북녘 북)
- 분 : 分(나눌 분), 紛(어지러워질분), 粉(가루분), 奔(달릴 분), 墳(무덤 분), 憤(성낼 분), 奮(떨칠 분)
- 빈 : 貧(가난할 빈), 賓(손 빈), 頻(자주 빈)
- 빙 : 氷(얼음 빙), 聘(찾아갈 빙)
- 불 : 不(아닐불), 佛(부처 불), 拂(떨 불)
- 붕 : 朋(벗 붕), 崩(무너질 붕)
- 비 : 比(견줄 비), 非(아닐 비), 悲(슬플 비), 飛(날 비), 鼻(코 비), 備(갖출 비), 批(칠 비), 卑(낮을 비), 婢(여자종 비), 碑(돌기둥 비), 妃(왕비 비), 肥(살찔 비), 秘(숨길 비), 費(쓸 비)

## ■ 사

- 사 : 四(넉 사), 巳(뱀 사), 士(선비 사), 仕(벼슬할 사), 寺(절 사), 史(역사 사), 使(시킬 사), 舍(집 사), 射(쏠 사), 謝(사례할 사), 師(스승 사), 死(죽을 사), 私(사사

로울 사), 絲(실 사), 思(생각할 사), 事(일 사), 司(맡을 사), 詞(말씀 사), 蛇(뱀 사), 捨(버릴 사), 邪(간사할 사), 賜(줄 사), 斜(비낄사), 詐(속일사), 社(토지의 신 사), 沙(모래 사), 似(같을 사), 査(조사할 사), 寫(베낄 사), 辭(말 사), 斯(이 사), 祀(제사 사)

- 삭 : 削(깎을 삭), 朔(초하루 삭)
- 산 : 山(뫼 산), 産(낳을 산), 散(흩어질 산), 算(셀 산)
- 살 : 殺(죽일 살)
- 삼 : 三(석 삼)
- 상 : 上(위 상), 尙(오히려 상), 常(항상 상), 賞(상줄 상), 商(장사 상), 相(서로 상), 霜(서리 상), 想(생각할 상), 傷(상처 상), 喪(죽을 상), 嘗(맛볼 상), 裳(치마 상), 詳(자세할 상), 祥(상서로울 상), 床(상 상=牀), 象(코끼리 상), 像(형상 상), 桑(뽕나무 상), 償(갚을 상), 狀(형상 상)
- 새 : 塞(변방 새)
- 색 : 色(빛 색), 索(찾을 색)
- 생 : 生(날 생)
- 서 : 西(서녘 서), 序(차례 서), 書(쓸 서), 暑(더울 서), 敍(차례서), 徐(천천히 할 서), 庶(여러 서), 恕(용서할서), 緖(실마리 서), 署(관청 서), 誓(맹세할 서), 逝(갈 서)
- 석 : 石(돌 석), 夕(저녁 석), 昔(옛 석), 惜(아낄 석), 席(자리 석), 析(가를 석), 釋(풀 석)
- 선 : 先(먼저 선), 仙(신선 선), 線(줄 선), 鮮(고울 선), 善(착할 선), 船(배 선), 選(가릴 선), 宣(베풀 선), 旋(돌 선), 禪(봉선 선)
- 설 : 雪(눈 설), 說(말씀 설), 設(베풀 설), 舌(혀 설)
- 섭 : 涉(건널 섭), 攝(당길 섭)
- 성 : 姓(성 성), 性(성품 성), 成(이룰 성), 城(성 성), 誠(정성 성), 盛(담을 성), 省(살필 성), 星(별 성), 聖(성스러울 성), 聲(소리 성)
- 세 : 世(세상 세), 洗(씻을 세), 稅(세금 세), 細(가늘 세), 勢(기세 세), 歲(해 세)
- 소 : 小(작을 소), 少(적을 소), 所(바 소), 消(사라질 소), 素(흴 소), 笑(웃을 소), 召(부를 소), 昭(밝을 소), 蘇(깨어날 소), 騷(떠들 소), 燒(불태울 소), 訴(하소연할 소), 掃(쓸 소), 疎(트일 소), 蔬(푸성귀 소)
- 속 : 俗(풍속 속), 速(빠를 속), 續(이을 속), 束(묶을 속), 粟(조 속), 屬(엮을 속)
- 손 : 孫(손자 손), 損(덜 손)

- 송 : 松(소나무 송), 送(보낼 송), 訟(송사할 송), 頌(기릴 송), 誦(욀 송)
- 쇄 : 刷(쓸 쇄), 鎖(쇠사슬 쇄), 衰(쇠할 쇠)
- 수 : 水(물 수), 手(손 수), 受(받을 수), 授(줄 수), 首(머리 수), 守(지킬 수), 收(거둘 수), 誰(누구 수), 須(모름지기 수), 雖(비록 수), 愁(시름 수), 樹(나무 수), 壽(목숨 수), 數(셀 수), 修(닦을 수=脩), 秀(빼어날 수), 囚(가둘 수), 需(구할 수), 帥(장수 수), 殊(다를 수), 隨(따를 수), 輸(나를 수), 獸(짐승 수), 睡(잘 수), 遂(이를 수), 垂(드리울 수), 搜(찾을 수)
- 숙 : 叔(아재비 숙), 淑(맑을 숙), 宿(묵을 숙), 孰(누구 숙), 熟(익을 숙), 肅(엄숙할 숙)
- 순 : 順(순할 순), 純(순수할 순), 旬(열흘 순), 殉(따라 죽을 순), 循(돌 순), 脣(입술 순), 瞬(눈깜짝일 순), 巡(돌 순)
- 술 : 戌(개 술), 述(지을 술), 術(재주 술)
- 숭 : 崇(높을 숭)
- 습 : 習(익힐 습), 拾(주울 습), 濕(축축할 습), 襲(엄습할 습)
- 승 : 乘(탈 승), 承(받들 승), 勝(이길 승), 昇(오를 승), 僧(중 승)
- 시 : 市(저자 시), 示(보일 시), 是(옳을 시), 時(때 시), 詩(시 시), 視(볼 시), 施(베풀 시), 試(시험할 시), 始(처음 시), 矢(화살 시), 侍(모실 시)
- 식 : 食(먹을 식), 式(법 식), 植(심을 식), 識(알 식), 息(숨쉴 식), 飾(꾸밀 식),
- 신 : 身(몸 신), 申(원숭이 신), 神(귀신 신), 臣(신하 신), 信(믿을 신), 辛(매울 신), 新(새 신), 伸(펼 신), 晨(새벽 신), 愼(삼갈 신)
- 실 : 失(잃을 실), 室(집 실), 實(열매 실)
- 심 : 心(마음 심), 甚(심할 심), 深(깊을 심), 尋(찾을 심), 審(살필 심)
- 십 : 十(열 십)
- 쌍 : 雙(쌍 쌍)
- 씨 : 氏(각시 씨)

## ■ 아

- 아 : 兒(아이 아), 我(나 아), 牙(어금니 아), 芽(싹아), 雅(우아할 아), 亞(버금 아), 餓(굶주릴 아)
- 악 : 惡(악할 악), 岳(큰 산 악)
- 안 : 岸(언덕 안), 安(편안할 안), 案(책상 안), 顔(얼굴 안), 眼(눈 안), 雁(기러기 안)

- 알 : 謁(뵐 알)
- 암 : 暗(어두울 암), 巖(바위 암=岩)
- 압 : 壓(누를 압), 押(누를 압)
- 앙 : 仰(우러를 앙), 央(가운데 앙), 殃(재앙 앙)
- 애 : 愛(사랑 애), 哀(슬플애), 涯(물가 애)
- 액 : 厄(재앙 액), 額(이마 액)
- 야 : 也(어조사 야), 夜(밤 야), 野(들 야), 耶(어조사 야)
- 약 : 弱(약할 약), 若(같을 약), 約(약속할 약), 藥(약 약), 躍(뛸 약)
- 양 : 羊(양 양), 洋(바다 양), 養(기를 양), 揚(오를 양), 陽(볕 양), 讓(사양할 양), 壤(흙), 樣(모양 양), 楊(버들 양)
- 어 : 魚(물고기 어), 漁(고기 잡을 어), 於(어조사 어), 語(말씀 어), 御(어거할 어)
- 억 : 億(억 억), 憶(생각할 억), 抑(누를 억)
- 언 : 言(말씀 언), 焉(어찌 언)
- 엄 : 嚴(엄할 엄)
- 업 : 業(업 업)
- 여 : 余(나 여), 餘(남을 여), 如(같을 여), 汝(너 여), 與(줄 여), 予(나 여), 輿(수레 여)
- 역 : 亦(또 역), 易(바꿀 역), 逆(거스를 역), 譯(통변할 역), 驛(역참 역), 役(부릴 역), 疫(염병 역), 域(지경 역)
- 연 : 然(그러할 연), 煙(연기 연=烟), 研(갈 연), 延(끌 연), 燃(탈 연), 燕(제비 연), 沿(따를 연), 鉛(납 연), 宴(잔치 연), 軟(연할 연), 演(연역할 연), 緣(인연 연)
- 열 : 熱(더울 열), 悅(기쁠 열), 閱(검열할 열)
- 염 : 炎(불탈 염), 染(물들일 염), 鹽(소금 염)
- 엽 : 葉(잎 엽)
- 오 : 五(다섯 오), 吾(나 오), 悟(깨달을 오), 午(낮 오), 誤(그르칠 오), 烏(까마귀 오), 汚(더러울 오), 嗚(탄식소리 오), 娛(즐거워할 오), 傲(거만할 오)
- 옥 : 玉(구슬 옥), 屋(집 옥), 獄(옥 옥)
- 온 : 溫(따뜻할 온)
- 옹 : 翁(늙은이 옹), 擁(안을 옹)
- 와 : 瓦(기와 와), 臥(누울 와)

- 영 : 永(길 영), 英(꽃부리 영), 迎(맞이할 영), 榮(영화로울 영), 泳(헤엄칠 영), 詠(읊을 영), 營(경영할 영), 影(그림자 영), 映(비출 영), 藝(기예 예), 豫(미리 예), 譽(기릴 예), 銳(날카로울 예)
- 완 : 完(완전할 완), 緩(느릴 완)
- 왈 : 曰(가로 왈)
- 왕 : 王(임금 왕), 往(갈 왕)
- 외 : 外(밖 외), 畏(두려워할 외)
- 요 : 要(구할 요), 腰(허리 요), 搖(흔들 요), 遙(멀 요), 謠(노래 요)
- 욕 : 欲(하고자 할 욕), 浴(목욕할 욕), 慾(욕심 욕), 辱(욕보일 욕)
- 용 : 用(쓸 용), 容(얼굴 용), 勇(날랠 용), 庸(쓸 용)
- 우 : 于(어조사 우), 宇(집 우), 右(오른쪽 우), 友(벗 우), 牛(소 우), 雨(비 우), 憂(근심할 우), 又(또 우), 尤(더욱 우), 遇(만날 우), 羽(깃 우), 郵(역참 우), 愚(어리석을 우), 偶(짝 우), 優(넉넉할 우)
- 위 : 位(자리 위), 危(위태할 위), 爲(할 위), 偉(훌륭할 위), 威(위엄 위), 胃(밥통 위), 謂(이를 위), 圍(둘레 위), 緯(씨 위), 衛(지킬 위), 違(어길 위), 委(맡길 위), 慰(위로할 위), 僞(거짓 위)
- 운 : 云(이를 운), 雲(구름 운), 運(돌 운), 韻(운 운)
- 웅 : 雄(수컷 웅)
- 원 : 元(으뜸 원), 原(근원 원), 願(바랄 원), 遠(멀 원), 園(동산 원), 怨(원망할 원), 圓(둥글 원), 員(관원 원), 源(근원 원), 援(당길 원), 院(담 원)
- 월 : 月(달 월), 越(넘을 월)
- 유 : 由(말미암을 유), 油(기름 유), 酉(닭 유), 有(있을 유), 唯(오직 유), 猶(오히려 유), 遊(놀 유), 柔(부드러울 유), 遺(끼칠 유), 幼(어릴 유), 幽(그윽할 유), 惟(생각할 유), 維(맬 유), 乳(젖 유), 儒(선비 유), 裕(넉넉할 유), 誘(꾈 유), 愈(나을 유), 悠(멀 유)
- 육 : 肉(고기 육), 育(기를 육)
- 윤 : 閏(윤달 윤), 潤(젖을 윤)
- 은 : 恩(은혜 은), 銀(은 은), 隱(숨길 은)
- 을 : 乙(새을)
- 음 : 音(소리 음), 吟(읊을 음), 飮(마실 음), 陰(그늘 음), 淫(음란할 음)

- 읍 : 邑(고을 읍), 泣(울 읍)
- 응 : 應(응할 응), 凝(엉길 응)
- 의 : 衣(옷 의), 依(의지할 의), 義(옳을 의), 議(의논할 의), 矣(어조사 의), 醫(의원 의), 意(뜻 의), 宜(마땅할 의), 儀(거동 의), 疑(의심할 의)
- 이 : 二(두 이), 以(써 이), 已(이미 이), 耳(귀 이), 而(말 이을 이), 異(다를 이), 移(옮길 이), 夷(오랑캐 이)
- 익 : 益(더할 익), 翼(날개 익)
- 인 : 人(사람 인), 引(끌 인), 仁(어질 인), 因(인할 인), 忍(참을 인), 認(알 인), 寅(동방 인), 印(도장 인), 姻(혼인 인)
- 입 : 入(들 입)
- 일 : 一(한 일), 日(날 일), 逸(편안할 일)
- 임 : 壬(아홉째 천간 임), 任(맡길 임), 賃(품팔이 임)

■ 자

- 자 : 子(아들자), 字(글자자), 自(스스로 자), 者(놈자), 姉(손윗누이 자), 慈(사랑할 자), 玆(이 자), 紫(자줏빛 자), 資(재물 자), 姿(맵시 자), 恣(방자할 자), 刺(찌를 자)
- 작 : 作(지을 작), 昨(어제 작), 酌(따를 작), 爵(벼슬 작)
- 잔 : 殘(해칠 잔)
- 잠 : 潛(잠길 잠), 暫(잠시 잠)
- 잡 : 雜(섞일 잡)
- 장 : 長(길 장), 章(글 장), 場(마당 장), 將(장차 장), 壯(씩씩할 장), 丈(어른 장), 張(베풀 장), 莊(장중할 장=庄), 裝(꾸밀 장), 獎(장려할 장), 墻(담 장=牆), 葬(장사지낼 장), 粧(단장할 장), 掌(손바닥 장), 藏(감출 장), 臟(내장 장), 障(가로막을 장), 腸(창자 장), 帳(휘장 장)
- 재 : 才(재주 재), 材(재목 재), 財(재물 재), 在(있을 재), 栽(심을 재), 再(두 재), 哉(어조사 재), 災(재앙 재), 裁(마를 재), 載(실을 재), 宰(재상 재)
- 쟁 : 爭(다툴 쟁)
- 저 : 著(나타날 저), 貯(쌓을 저), 低(밑 저), 底(바닥 저), 抵(거를 저)
- 적 : 的(과녁 적), 赤(붉을 적), 適(갈 적), 敵(원수 적), 滴(물방울 적), 摘(딸 적), 寂

(고요할 적), 籍(서적 적), 賊(도둑 적), 跡(자취 적), 蹟(자취 적), 積(쌓을 적), 績(길쌈할 적)

- 전 : 田(밭 전), 全(온전할 전), 典(법 전), 前(앞 전), 展(펼 전), 戰(싸울 전), 電(번개 전), 錢(돈 전), 傳(전할 전), 專(오로지 전), 轉(구를 전), 殿(큰 집 전)
- 절 : 節(마디 절), 絕(끊을 절), 切(끊을 절), 折(꺾을 절), 竊(훔칠 절)
- 점 : 店(가게 점), 占(차지할 점), 點(점 점=点), 漸(점점 점)
- 접 : 接(사귈접), 蝶(나비 접)
- 정 : 丁(고무래 정), 停(머무를 정), 頂(정수리 정), 井(우물 정), 正(바를 정), 政(정사 정), 定(정할 정), 貞(곧을 정), 精(정할 정), 情(뜻 정), 靜(고요할 정), 淨(깨끗할 정), 庭(뜰 정), 亭(정자 정), 訂(바로잡을 정), 廷(조정 정), 程(단위 정), 征(칠 정), 整(가지런할 정)
- 제 : 弟(아우 제), 第(차례 제), 祭(제사 제), 帝(임금 제), 題(표제 제), 除(덜 제), 諸(모두 제), 製(지을 제), 提(끌 제), 堤(방죽 제), 制(억제할 제), 際(사이 제), 齊(가지런할 제), 濟(건널 제)
- 조 : 兆(조짐 조), 早(일찍 조), 造(만들 조), 鳥(새 조), 調(고를 조), 朝(아침 조), 助(도울 조), 祖(조상 조), 弔(조상할 조), 燥(마를 조), 操(잡을 조), 照(비출 조), 條(가지 조), 潮(조수 조), 租(세금 조), 組(끈 조)
- 족 : 足(발 족), 族(겨레 족)
- 존 : 存(있을 존), 尊(높을 존)
- 졸 : 卒(군사 졸), 拙(졸할 졸)
- 종 : 宗(마루 종), 種(씨 종), 鐘(종 종), 終(끝날 종), 從(좇을 종), 縱(늘어질 종)
- 좌 : 左(왼 좌), 坐(앉을 좌), 佐(도울 좌), 座(자리 좌)
- 죄 : 罪(허물 죄)
- 주 : 主(주인 주), 注(물댈 주), 住(살 주), 朱(붉을 주), 宙(집주), 走(달릴 주), 酒(술 주), 晝(낮 주), 舟(배 주), 周(두루 주), 株(그루 주), 州(고을 주), 洲(섬 주), 柱(기둥 주), 奏(아뢸 주), 珠(구슬 주), 鑄(부어 만들 주)
- 죽 : 竹(대 죽)
- 준 : 準(법도 준), 俊(준걸 준), 遵(좇을 준)
- 중 : 中(가운데 중), 重(무거울 중), 衆(무리 중), 仲(버금 중)
- 즉 : 卽(곧 즉)

- 증 : 曾(일찍 증), 增(더할 증), 證(증거 증), 憎(미워할 증), 贈(보낼 증), 症(증세 증), 蒸(찔 증)
- 지 : 只(다만 지), 支(지탱할 지), 枝(가지 지), 止(그칠 지), 之(갈 지), 知(알 지), 地(땅 지), 指(손가락 지), 志(뜻 지), 至(이를 지), 紙(종이 지), 持(가질 지), 池(못 지), 誌(기록할 지), 智(지혜 지), 遲(늦을지)
- 직 : 直(곧을 직), 職(벼슬 직), 織(짤 직)
- 진 : 辰(별 진), 眞(참 진), 進(나아갈 진), 盡(다할 진), 振(떨칠 진), 鎭(진압할 진), 陳(베풀 진), 陣(진칠진), 珍(보배 진), 震(진동할 진)
- 질 : 質(바탕 질), 秩(차례 질), 疾(병 질), 姪(조카 질)
- 집 : 集(모일 집), 執(잡을 집)
- 징 : 徵(부를 징), 懲(혼날 징)

## ▪ 차

- 차 : 且(또 차), 次(버금 차), 此(이 차), 借(빌 차), 差(어긋날 차)
- 착 : 着(붙을 착), 錯(섞일 착), 捉(잡을 착)
- 찬 : 贊(도울 찬), 讚(기릴 찬)
- 찰 : 察(살필 찰)
- 참 : 參(간여할 참), 慘(참혹할 참), 慙(부끄러울 참)
- 창 : 昌(창성할 창), 唱(노래 창), 窓(창 창), 倉(곳집 창), 創(비롯할 창), 蒼(푸를 창), 暢(펼 창)
- 채 : 菜(나물 채), 採(캘 채), 彩(무늬 채), 債(빚 채)
- 책 : 責(꾸짖을 책), 冊(책 책), 策(꾀 책)
- 처 : 妻(아내 처), 處(곳 처)
- 척 : 尺(자 척), 斥(물리칠 척), 拓(열 척), 戚(겨레 척)
- 천 : 千(일천 천), 天(하늘 천), 川(내 천), 泉(샘 천), 淺(얕을 천), 賤(천할 천), 踐(밟을 천), 遷(옮길 천), 薦(천거할천)
- 철 : 鐵(쇠 철), 哲(밝을 철), 徹(뚫을 철)
- 첨 : 尖(뾰족할 첨), 添(더할 첨), 妾(첩 첩)
- 청 : 靑(푸를 청), 淸(맑을 청), 晴(갤 청), 請(청할 청), 聽(들을 청), 廳(관청 청)
- 체 : 體(몸 체), 替(바꿀 체), 滯(막힐 체), 逮(잡을 체), 遞(갈마들체)

- 초 : 初(처음 초), 草(풀 초=艸), 招(부를 초), 肖(닮을 초), 超(넘을 초), 抄(베낄 초), 礎(주춧돌초), 秒(초 초)
- 촉 : 促(재촉할 촉), 燭(촛불 촉), 觸(닿을 촉)
- 촌 : 寸(마디 촌), 村(마을 촌)
- 총 : 銃(총 총), 總(거느릴 총), 聰(총명할 총)
- 최 : 最(가장 최), 催(재촉할 최)
- 추 : 秋(가을 추), 追(쫓을 추), 推(밀 추), 抽(뽑을 추), 醜(추할 추)
- 축 : 丑(소 축), 祝(빌 축), 畜(가축 축), 蓄(쌓을 축), 築(쌓을 축), 逐(쫓을 축), 縮(다스릴 축)
- 춘 : 春(봄 춘), 出(날 출)
- 충 : 充(찰 충), 忠(충성 충), 蟲(벌레 충), 衝(찌를 충)
- 취 : 取(취할 취), 吹(불 취), 就(이룰 취), 臭(냄새 취), 醉(취할 취), 趣(달릴 취)
- 측 : 側(곁 측), 測(잴 측)
- 층 : 層(층 층)
- 치 : 治(다스릴 치), 致(보낼 치), 齒(이 치), 値(값 치), 置(둘 치), 恥(부끄러워할 치)
- 칙 : 則(법칙 칙), 七(일곱 칠), 漆(옻 칠)
- 침 : 針(바늘 침), 侵(침노할 침), 浸(담글 침), 寢(잠잘 침), 沈(가라앉을 침), 枕(베개 침)
- 칭 : 稱(일컬을 칭)
- 친 : 親(친할 친)

## ■ 카

- 쾌 : 快(쾌할 쾌)

## ■ 타

- 타 : 他(다를 타), 打(칠 타), 妥(온당할 타), 墮(떨어질 타)
- 탁 : 濁(흐릴 탁), 托(밀 탁), 濯(씻을 탁), 卓(높을 탁)
- 탄 : 炭(숯 탄), 歎(탄식할 탄), 彈(탄알 탄), 誕(태어날 탄)
- 탈 : 脫(벗을 탈), 奪(빼앗을 탈)
- 탐 : 探(찾을 탐), 貪(탐할 탐)

- 탑 : 塔(탑 탑)
- 탕 : 湯(끓일 탕)
- 태 : 太(클 태), 泰(클 태), 怠(게으름 태), 殆(위태할 태), 態(모양 태)
- 택 : 宅(집 택), 澤(못 택), 擇(가릴 택)
- 토 : 土(흙 토), 吐(토할 토), 討(칠 토)
- 통 : 通(통할 통), 統(큰 줄기 통), 痛(아플 통)
- 퇴 : 退(물러날 퇴)
- 투 : 投(던질 투), 透(통할 투), 鬪(싸움 투)
- 특 : 特(수컷 특)

## ■ 파

- 파 : 破(깨뜨릴 파), 波(물결 파), 派(물 갈래 파), 播(뿌릴 파), 罷(방면할 파), 頗(자못 파), 把(잡을 파)
- 판 : 判(판가름할 판), 板(널빤지 판), 販(팔 판), 版(판목 판)
- 팔 : 八(여덟 팔)
- 패 : 貝(조개 패), 敗(패할 패)
- 편 : 片(조각 편), 便(편할 편), 篇(책 편), 編(엮을 편), 遍(두루 편), 偏(치우칠 편)
- 평 : 平(평평할 평), 評(평론할 평)
- 폐 : 閉(닫을 폐), 肺(허파 폐), 廢(폐할 폐), 弊(폐단 폐), 蔽(덮을 폐), 幣(비단 폐)
- 포 : 布(베 포), 抱(안을 포), 包(쌀 포), 胞(태보 포), 飽(배부를 포), 浦(물가 포), 捕(사로잡을 포)
- 폭 : 暴(사나울 폭), 爆(터질 폭), 幅(너비 폭)
- 표 : 表(겉 표), 票(표 표), 標(표 표), 漂(떠돌 표)
- 품 : 品(물건 품)
- 풍 : 風(바람 풍), 豊(풍년 풍)
- 피 : 皮(가죽 피), 彼(저 피), 疲(지칠 피), 被(이불 피), 避(피할 피)
- 필 : 畢(마칠 필), 必(반드시 필), 匹(짝 필), 筆(붓 필)

## ■ 하

- 하 : 下(아래 하), 夏(여름 하), 賀(하례 하), 何(어찌 하), 河(물 하), 荷(연 하)
- 학 : 學(배울 학), 鶴(학 학)
- 한 : 閑(막을 한), 寒(찰 한), 恨(한할 한), 限(한계 한), 漢(한수 한), 韓(나라 이름 한), 旱(가물 한), 汗(땀 한)
- 할 : 割(나눌 할)
- 합 : 合(합할 합)
- 함 : 咸(다 함), 含(머금을 함), 陷(빠질 함)
- 항 : 恒(항상 항), 巷(거리 항), 港(항구 항), 項(목 항), 抗(막을 항), 航(배 항)
- 해 : 害(해칠 해), 海(바다 해), 亥(돼지 해), 解(풀 해), 奚(어찌 해), 該(그 해)
- 핵 : 核(씨 핵)
- 행 : 行(다닐 행), 幸(다행 행)
- 향 : 向(향할 향), 香(향기 향), 鄕(시골 향), 響(울림 향), 享(누릴 향)
- 허 : 虛(빌 허), 許(허락할 허)
- 헌 : 軒(추녀 헌), 憲(법 헌), 獻(바칠 헌)
- 험 : 險(험할 험), 驗(시험할 험)
- 혁 : 革(가죽 혁)
- 현 : 現(나타날 현), 賢(어질 현), 玄(검을 현), 絃(악기줄 현), 縣(고을 현), 懸(매달 현), 顯(나타날 현)
- 혈 : 血(피 혈), 穴(구멍 혈)
- 협 : 協(화할 협), 脅(옆구리 협)
- 형 : 兄(맏 형), 刑(형벌 형), 形(모양 형), 亨(형통할 형), 螢(반디 형), 衡(저울대 형)
- 혜 : 惠(은혜 혜), 慧(슬기로울 혜), 兮(어조사 혜)
- 호 : 戶(지게 호), 乎(어조사 호), 呼(부를 호), 好(좋을 호), 虎(범 호), 號(부르짖을 호), 湖(호수 호), 互(서로 호), 胡(오랑캐 호), 浩(클 호), 毫(가는 털 호), 豪(호걸 호), 護(보호할 호)
- 혹 : 或(혹 혹), 惑(미혹할 혹)
- 혼 : 婚(혼인할 혼), 混(섞을 혼), 昏(어두울 혼), 魂(넋 혼)
- 홀 : 忽(소홀히 할 홀)

- 홍 : 紅(붉을 홍), 洪(큰물 홍), 弘(넓을 홍), 鴻(큰 기러기 홍)
- 화 : 火(불 화), 化(될 화), 花(꽃 화), 貨(재화 화), 和(화할 화), 話(말할 화), 畵(그림 화), 華(빛날 화), 禾(벼 화), 禍(재앙 화)
- 확 : 確(굳을 확:碻), 穫(벼 벨 확), 擴(넓힐 확)
- 환 : 歡(기뻐할 환), 患(근심 환), 丸(알 환), 換(바꿀 환), 環(고리 환), 還(돌아올 환)
- 활 : 活(살 활)
- 황 : 黃(누를 황), 皇(임금 황), 況(하물며 황), 荒(거칠 황)
- 회 : 回(돌 회), 會(모일 회), 悔(뉘우칠 회), 懷(품을 회)
- 획 : 獲(얻을 획), 劃(그을 획)
- 횡 : 橫(가로 횡)
- 효 : 孝(효도 효), 效(본받을 효), 曉(새벽 효)
- 후 : 後(뒤 후), 厚(두터울 후), 侯(제후 후), 候(기후 후)
- 훈 : 訓(가르칠 훈)
- 훼 : 毁(헐 훼)
- 휘 : 揮(휘두를 휘), 輝(빛날 휘)
- 휴 : 休(쉴 휴), 携(가질 휴)
- 흉 : 凶(흉할 흉), 胸(가슴 흉)
- 흑 : 黑(검을 흑)
- 흡 : 吸(숨 들이쉴 흡)
- 흥 : 興(일어날 흥)
- 희 : 希(바랄 희), 喜(기쁠 희), 稀(드물 희), 戱(희롱할 희)

# 우리 시대의 교양한문

2014년 8월 30일 1판 1쇄 발행
2017년 2월 15일 1판 3쇄 발행

저 자 ◎ 남기택·최도식·이완형·최승기

발행자 ◎ 조승식

발행처 ◎ (주) 도서출판 북스힐
서울시 강북구 한천로 153길 17

등 록 ◎ 제 22-457 호

TEL (02) 994-0071(代)

FAX (02) 994-0073

E-MAIL bookswin@unitel.co.kr
www.bookshill.com

값 13,000원



ISBN 978-89-5526-878-2